Low-carbon Human Resource Management in Enterprise

企业低碳人力资源管理

王娟 张喆 编著

机械工业出版社
CHINA MACHINE PRESS

本书主要从低碳理念与人力资源管理交叉融合的视角探讨企业落实“双碳”政策的路径，为新时代背景下的人力资源管理提供了实践指导。首先，本书简要介绍了企业低碳人力资源管理的背景和基本概念，并与其他人力资源管理进行了比较。其次，本书详细讨论了企业低碳人才战略、人才盘点和职位分析等。再次，本书系统阐述了企业低碳人员招聘、培训与开发，以及绩效评估、员工激励、薪酬管理、职业生涯规划等。最后，本书从低碳管理实践和前沿发展入手，介绍了企业低碳的运行机制、相关政策法规，以及人力资源管理的发展趋势。本书注重读者思维的转变，通过设计引例、实践案例等栏目，开阔读者的视野，引导读者从企业低碳实践中获得启发。

本书既可作为高等院校人力资源管理、工商管理、低碳管理等相关专业的教材，也可作为企业管理者的参考读物。

图书在版编目（CIP）数据

企业低碳人力资源管理 / 王娟，张喆编著 . -- 北京：
机械工业出版社，2025. 5. -- ISBN 978-7-111-77850-9

Ⅰ. F272.92

中国国家版本馆 CIP 数据核字第 2025UF5518 号

机械工业出版社（北京市百万庄大街 22 号　邮政编码 100037）
策划编辑：吴亚军　　责任编辑：吴亚军　伍　曼
责任校对：颜梦璐　杨　霞　景　飞　　责任印制：郜　敏
三河市宏达印刷有限公司印刷
2025 年 5 月第 1 版第 1 次印刷
185mm × 260mm · 10.5 印张 · 177 千字
标准书号：ISBN 978-7-111-77850-9
定价：59.00 元

电话服务
客服电话：010-88361066
010-88379833
010-68326294

网络服务
机　工　官　网：www.cmpbook.com
机　工　官　博：weibo.com/cmp1952
金　　书　　网：www.golden-book.com
机工教育服务网：www.cmpedu.com

前　言

2020 年 9 月，习近平主席在第七十五届联合国大会一般性辩论上提出："中国将提高国家自主贡献力度，采取更加有力的政策和措施，二氧化碳排放力争于 2030 年前达到峰值，努力争取 2060 年前实现碳中和。"

随着"双碳"目标的提出，全国各界需要携手进行低碳变革，而企业作为我国经济发展的中坚力量，需要调整产业结构，进行系统性变革，推动国家"双碳"战略的实现。然而现阶段，企业在迈向碳中和的进程中缺乏一定的低碳人才，成为低碳变革的阻力。因此，正确认识并实施低碳人力资源管理具有重要意义。

培养服务于企业的低碳人才需要首先从教育端进行改革。教育部于 2021 年 7 月发布了《高等学校碳中和科技创新行动计划》，该计划明确了高校未来十年的行动计划。2022 年，教育部再次印发《加强碳达峰碳中和高等教育人才培养体系建设工作方案》，要求高校通过建设碳中和领域高水平科技攻关平台、推进碳中和领域紧缺人才培养、促进传统专业转型升级、深化产教融合协同育人等方式，提高碳达峰碳中和相关专业人才培养质量。

2021 年以来，清华大学、北京大学、西安交通大学等多所高校已相继成立碳中和研究院 / 研究中心，大力开展碳中和相关领域的交叉学科建设和人才培养工作。目前，西北工业大学也正在积极主动加强与世界一流大学和学术机构在碳中和领域的交流合作。西北工业大学新时代企业高质量发展研究中心正围绕企业低碳管理知识体系中“确碳→减碳→抵碳→披碳→激碳”的五部分核心知识结构进行系列教材开发，本书是该系列教材之一，也可用作人力资源管理专业核心课程的配套教材。

目前国内外对于企业低碳管理的研究还处于初步的理论探讨阶段，相关的实证研究还非常有限。现有的低碳管理研究主要聚焦于会计、供应链管理等宏观领域，在微观层面则主要聚焦于消费者领域，但它却忽视了员工这一企业内部的主要利益相关者。现有研究极少关注低碳人力资源管理领域，也尚无低碳人力资源管理方面的书籍。因此，本书根据我国企业低碳管理方面的内容，提出企业低碳人力资源管理的相关策略，这是国内第一本关于低碳人力资源管理方面的图书，对于推动我国“双碳”目标落地，引进、培育和激励高水平的企业低碳人才具有重要意义。

感谢国家自然科学基金青年项目（72102183）的资助。感谢西北工业大学新时代企业高质量发展研究中心的团队成员积累的大量研究成果。在本书的写作和统稿过程中，戴晗悦和游文秀同学付出了很多努力。同时，感谢李俊江、唐雨萌、王紫腾、刘洋等同学在校稿过程中所做的工作。

由于编者知识水平和能力有限，书中难免存在一些差错和不足，敬请广大读者批评指正，以帮助我们不断完善。

目　录

前　言

第 1 章　企业低碳人力资源管理导论　/ 1

引例　蒙牛：打造低碳发展典范　/ 1
1.1　企业低碳人力资源管理的重要意义　/ 2
1.2　企业低碳人力资源管理的基本概念　/ 7
1.3　企业低碳人力资源管理与其他人力资源管理的区别与联系　/ 10
本章小结　/ 12
关键术语　/ 13
复习思考题　/ 13
实践案例　中国石化：石油化工企业的绿色低碳转型发展之路　/ 14
参考文献　/ 14

第 2 章　企业低碳人才战略　/ 16

引例　隆基绿能放大碳手印，绿色管理助力减碳　/ 16
2.1　企业低碳人才战略概述　/ 19
2.2　企业低碳人才盘点　/ 26

2.3　企业低碳人才职位分析　/ 31
本章小结　/ 38
关键术语　/ 39
复习思考题　/ 40
实践案例　国家电网发布央企首份绿色低碳发展报告　/ 40
参考文献　/ 41

第 3 章　企业低碳人员招聘与开发　/ 42

引例　全球领先港口集团 PSA 打造“个人碳账户”，引领航运业可持续发展　/ 42
3.1　企业低碳人员招聘　/ 43
3.2　企业低碳人员培训　/ 50
3.3　企业低碳人力资源开发　/ 63
本章小结　/ 69
关键术语　/ 70
复习思考题　/ 70
实践案例　低碳培训先行，助推低碳发展战略加快落地　/ 71
参考文献　/ 72

第 4 章　企业员工低碳管理　/ 73

引例　腾讯打造深圳首个碳普惠授权运营平台　/ 73
4.1　企业员工低碳绩效评估　/ 74
4.2　企业员工低碳激励　/ 82
4.3　企业低碳员工薪酬管理　/ 88
4.4　企业低碳员工的职业生涯规划　/ 100
本章小结　/ 103
关键术语　/ 105
复习思考题　/ 105
实践案例　北汽集团：用“员工碳账户”传递绿色低碳正能量　/ 106
参考文献　/ 107

第 5 章　企业低碳运行机制　/ 108

引例　国家电投员工低碳行动倡议书　/ 108

5.1 企业员工的低碳行为 / 109
5.2 企业管理者的低碳行为 / 113
5.3 企业低碳工作设计 / 120
本章小结 / 126
关键术语 / 128
复习思考题 / 128
实践案例 员工碳减排数智化管理平台助力浦发银行绿色办公 / 128
参考文献 / 129

第 6 章 企业低碳经济政策法规和劳动关系管理 / 130

引例 中央企业节约能源与生态环境保护监督管理办法 / 130
6.1 企业低碳经济政策法规 / 131
6.2 企业低碳经济的劳动关系 / 138
6.3 企业低碳经济劳动合同的有效管理 / 141
6.4 企业低碳经济劳动争议及科学处理 / 142
本章小结 / 142
关键术语 / 143
复习思考题 / 143
实践案例 某银行支行与 A 企业的碳排放配额执行案 / 144
参考文献 / 144

第 7 章 企业低碳人力资源管理的发展趋势 / 145

引例 上海施耐德的绿色零碳工厂 / 145
7.1 企业低碳转型 / 146
7.2 企业低碳人力资源管理的机遇与挑战 / 153
7.3 企业低碳人力资源管理模式的创新 / 155
本章小结 / 156
关键术语 / 157
复习思考题 / 157
实践案例 海尔智碳运营平台项目 / 157
参考文献 / 159

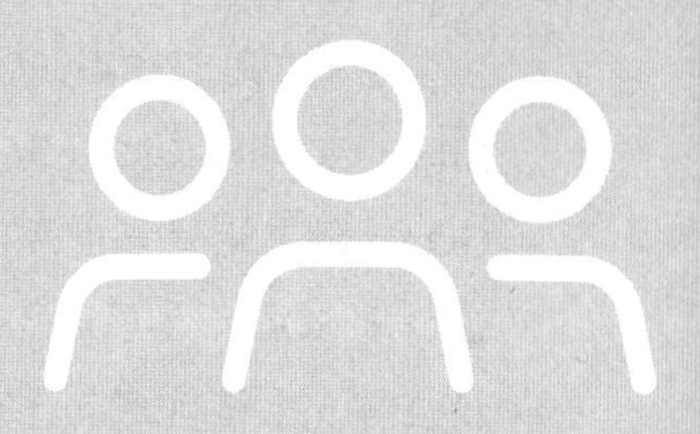

第1章 CHAPTER 1 企业低碳人力资源管理导论

引例

蒙牛：打造低碳发展典范

蒙牛积极应对全球气候变化，肩负引领中国乳业脱碳转型的重任，多年来持续开展碳盘查及全产业链降碳实践。

在战略设定方面，2021年，蒙牛联合全球顶级咨询公司波士顿咨询（BCG），科学严谨地制定全面碳中和战略，设定“2030年碳达峰，2050年碳中和”的战略目标，并积极探索全范围内碳排放量绝对值的测量及下降，影响带动全产业链协同低碳发展，努力实现联合国气候变化大会上《巴黎协定》设定的目标。

在组织结构方面，蒙牛积极构建“双碳”行动体系，设置“双碳”行动推进小组，在相关职能部门、事业部和控股公司各设1名总联络员，并且在相关职能部门、事业部和控股公司的各下属部门或工厂设立1名联络员。

在节能降耗方面，蒙牛围绕减排、增效两个维度，降低能源消耗，助力“双碳”目标达成。蒙牛成立节能减排委员会，集团总裁担任委员会主席，集团副总裁负责能源策略及绩效管理，将目标分解至各事业部，与事业部负责人签订责任书，按月度兑现绩效，并持续追踪以改善节能降耗实践。

在员工培训方面，蒙牛不断探索绿色运营与生活（GOAL，Green Operation And Life），将可持续发展融入企业运营与员工日常生活。例如，蒙牛低温事业部搭建GOAL绿色运营与生活体系，设立水、能源和气候变化、零废弃、空气污染与受关注物质SOC、人与自然、绿水青山就是金山银山、生态经济、可再生农业、可持续供应链9个模块，践行可持续生产方式。举办"零废弃日"公益活动，鼓励员工以多种形式践行低碳可持续生活方式，降低塑料垃圾污染，减少碳排放。

资料来源：2021中国蒙牛乳业有限公司可持续发展报告（ESG）报告，蒙牛官网，2022年5月30日。

1.1 企业低碳人力资源管理的重要意义

1.1.1 企业低碳人力资源管理的背景

近年来，碳排放造成的全球变暖趋势愈加严峻，海平面上升、极端天气频繁发生。为应对全球气候变化这一挑战，低碳经济正逐步成为国际社会经济发展的主流趋势，极大地促进了全球的政治共识和重大行动。联合国政府间气候变化专门委员会（IPPC）评估表明，1880—2012年，全球平均气温已上升0.85℃，引发了地球生态系统的一系列变化，包括冰雪量持续减少，海平面上升，热浪、干旱、洪水等极端天气事件频发（石敏俊、林思佳，2021）。为应对以上气候变化，国际社会达成了若干应对气候变化的重要国际公约协定，如《联合国气候变化框架公约》《京都议定书》和《巴黎协定》（杨德伟、郭瑞芳，2021）。其中，《巴黎协定》旨在对全球气候行动做出统一安排，目标是将全球平均气温的升幅控制在比工业化前水平高1.5℃以内，力求将升温幅度限制在不超过2℃。

低碳经济是一种兼顾能源保护与环境保护的全球经济发展模式。气候变化是全球性的事件，应协同应对。各国、各企业等主体应按照共同但有区别的原则，加强合作，共同应对气候变化挑战。低碳经济也逐渐成为我国实现高质量发展的必经之路。2020年9月，习近平主席在第七十五届联合国大会一般性辩论上提出："中国将提高国家自主贡献力度，采取更加有力的政策和措施，二氧化碳排放力争于2030年前达到峰值，努力争取2060年前实现碳中和。"这将对中国的经济社会及发展方式产生深远影响。习近平总书记在党的二十大报告上也明确指出"积极稳妥推进碳达峰碳中和"。

目前，我国低碳经济的发展主要处在"政府推动为主、大企业探索性行动为辅"

的阶段。随着低碳经济的发展，我国企业将逐渐在低碳经济发展中发挥主力作用。因此，企业需要根据低碳经济发展的要求重新布局。企业低碳人力资源管理是企业落实低碳转型的关键一环，也是我国企业落实“双碳”目标的重要基础。

从企业外部来看，企业还应注重与供应商或其他利益相关者的低碳协同管理（朱瑾、王兴元，2012）。从企业内部来看，企业的基本活动包括采购、生产运营、销售、客户服务等方面。在低碳转型背景下，企业需要低碳采购、低碳技术开发、低碳人力资源培育等相应的辅助管理。就企业低碳人力资源管理来看，面对低碳经济发展的全球趋势，企业需要调整并创新企业人力资源管理的模式，从企业战略、中层管理以及个体低碳行为等层面入手，构建企业低碳人力资源管理体系，为企业通过人力资源管理实践推动低碳管理落到实处提供实践指导。

企业在低碳转型发展过程中面临着一些现实背景。宏观层面的政治、经济、社会和技术因素，中观层面的利益相关者低碳需求，微观层面的低碳战略、领导者远见等都是企业在低碳转型过程中需要考虑的问题。宏观、中观、微观等各个层面的因素共同促进了低碳人力资源管理实践的发展，对传统人力资源管理的主体、目标和内容都产生了重要影响，使其逐步与低碳管理相结合，并朝着“低碳化”“可持续化”“绿色化”的方向发展。然而，在微观层面上，大多数企业亟须在低碳经济的要求下找到一个可操作的低碳人力资源管理框架。因此，我国企业应当充分了解其面对的各类环境，并将这些要求贯彻落实到人力资源管理实践中，开展低碳人力资源管理（朱瑾、王兴元，2012）。

1. 宏观层面

我国低碳发展进程如表 1-1 所示。

表 1-1　我国低碳发展进程

时间	主要事件	内容及影响
2007 年	《中国应对气候变化国家方案》发布	这一方案是中国第一部全面应对气候变化的政策性文件，也是发展中国家颁布的第一部应对气候变化的国家方案；中国开展低碳省市试点工作，因地制宜地探索低碳发展路径
2010 年	《关于开展低碳省区和低碳城市试点工作的通知》发布	确定广东、辽宁、云南、重庆、深圳等 5 省 8 市作为首批低碳试点，正式将低碳发展引入城市范畴
2013 年	深圳启动全国首个碳交易市场	体现出我国通过市场手段推动企业节能减排的需要
	第一个“全国低碳日”设立	这一主题节日的设立旨在普及气候变化和气候风险知识，宣传低碳发展理念和政策，鼓励公众参与
2014 年	《碳排放权交易管理暂行办法》发布	为了规范碳排放权交易，加强对温室气体排放的控制和管理，促进经济社会发展向绿色低碳转型，推进生态文明建设制定的条例

（续）

时间	主要事件	内容及影响
2016 年	正式加入《巴黎协定》	承诺与全球多个国家一起应对气候变化的威胁
2020 年	提出“双碳”目标	加快降低碳排放步伐，引导绿色技术创新，提高产业和经济的全球竞争力
2021 年	《关于完整准确全面贯彻新发展理念做好碳达峰碳中和工作的意见》发布	作为碳达峰碳中和“1+N”政策体系中的“1”，为碳达峰碳中和这项重大工作进行系统谋划、总体部署
2022 年	《科技支撑碳达峰碳中和实施方案（2022—2030 年）》发布	统筹提出支撑 2030 年前实现碳达峰目标的科技创新行动和保障举措，并为 2060 年前实现碳中和目标做好技术研发储备
2024 年	启动全国温室气体自愿减排交易市场	致力于形成强制碳市场和自愿碳市场互补衔接的全国碳市场体系，助力实现碳达峰碳中和目标

资料来源：根据互联网公开资料整理。

（1）政治环境。我国“双碳”政策的提出对企业进行低碳管理提出了必然要求。党的十八届五中全会明确提出了“创新、协调、绿色、开放、共享”的发展理念，并提出要构建绿色低碳循环发展的产业体系。党的十九大报告强调要推动绿色低碳成为我国未来经济的新增长点之一（王璟珉等，2018）。

（2）经济环境。过去，我国国民经济结构以重工业、大规模制造业为主导，导致二氧化碳气体的排放量巨大。但随着我国低碳政策的制定、实施与不断完善，例如推进工业绿色升级改造、鼓励绿色低碳技术研发、培育绿色交易市场机制等，使得企业能够在低碳发展方面积极运用相关政策，获得发展所需的资金与技术等资源，抓住机遇、克服挑战，取得改革成效。

（3）社会环境。为了促进经济社会的可持续发展，国家大力宣传绿色低碳环保理念。在加大绿色低碳环保理念宣传力度的同时，增强了人们的低碳环保意识。消费者越来越重视“低碳消费”，企业通过引进低碳生产方式，生产绿色低碳产品，打造绿色低碳企业形象，有利于获得消费者的信赖与好感（马忠民、吴呈，2017）。

（4）技术环境。过去，低碳相关的技术专利主要由发达国家的企业掌握，是这些企业获取超额垄断利润的工具（周元春等，2010）。因此，培育我国企业特有的低碳技术、掌握低碳相关的知识产权，不但有助于促进我国企业的低碳转型和高质量发展，而且有助于树立良好的国际形象，展示我国在低碳转型领域的科技水平，从而在国际减碳事务中拥有更多的话语权。

2. 中观层面

企业不仅要为股东创造最大化的经济收益，还要推动企业的高质量发展，而低碳转型则是实现企业高质量发展的路径之一。《深圳证券交易所上市公司社会责任指引》引导上市公司披露社会责任报告。《上海证券交易所上市公司环境信息披露指引》则强调上市公司须披露环保投资、年度排放污染物的种类等九项信息。因此，企业投资者和媒体等其他利益相关者会期望企业尽可能多地降低碳排放，从而在低碳发展中获得竞争优势。

除股东和投资者外，客户也是企业重要的利益相关者之一。随着低碳理念的广泛推广，客户对企业低碳的要求也越来越高。一方面，组织型客户由于面临着更高且更透明的碳减排要求，会对低碳产品有更严格的要求。另一方面，随着全民环保意识的逐步提升，我国居民的碳减排意识和行动将逐渐改变，这就对企业低碳经营提出了更高要求，可谓是机遇与挑战并存（朱瑾、王兴元，2012）。

3. 微观层面

在“绿色低碳发展”的背景下，企业需要依靠绿色低碳人才的知识创新，为企业的发展和转型提供支持。企业应营造有利于“绿色低碳”人才发展的内部环境。首先，企业在日常管理中要树立“绿色低碳”理念，构建可持续发展的组织文化。其次，企业需要对低碳人才进行合理配置与有效管理，树立其对社会效益和生态效益的责任感。最后，企业需要借助“绿色低碳”人才的知识，积极履行节能减排责任，推动整个社会的绿色低碳发展。

1.1.2 企业低碳人力资源管理的意义

1. 员工层面

企业的发展离不开人的努力。企业低碳人力资源管理有助于开发员工的低碳能力，培养其低碳价值观，深度挖掘员工低碳方面的潜能，培养低碳方面的人才。企业通过低碳招聘、培训、激励等一系列方式，有助于员工主动学习低碳方面的知识、自主提高与低碳相关的能力，从而激励和提升员工的低碳行为。

2. 企业层面

为应对气候变化和传统能源短缺的严峻挑战，低碳经济逐渐成为国际社会经济发展的主流趋势，也是我国企业实现高质量可持续发展的必由之路。而其中，企业低碳人力资源管理能够帮助企业实现长远、可持续的发展。具体而言，通过大力激励员工在低碳方面进行持续创新并开发新的低碳产品，能够有效提升企业的行业竞争地位，适应消费者的偏好变化，在减少自身产业链碳排放的同时，发展潜在减碳合作伙伴，提高行业壁垒。此外，将“低碳”作为发展战略和目标的企业，能更好地应对政策变化，树立负责任的企业形象。

3. 国家层面

低碳人力资源管理是实现新时代企业高质量发展、谋求中华民族永续发展的必然要求。首先，推动低碳发展有利于保护环境，降低极端气候事件的发生频率，保护生物多样性。其次，推动低碳发展有利于培育可持续竞争力，扩大竞争优势，刺激经济增长，创造新的就业机会。最后，推动低碳发展符合国际发展的潮流，有利于树立负责任的大国形象，从而在国际低碳建设中发挥模范带头作用。

低碳人力资源管理不仅有助于顺应国家经济发展趋势，更有助于为国家培养一大批低碳管理急需的人才。低碳经济正逐渐成为国际社会经济发展的趋势，也是我国实现高质量发展的必经之路。从实践角度来看，许多国家的低碳经济变革往往是从宏观管理入手，先通过建立并完善低碳相关法律、制定低碳相关政策等措施，创造低碳发展的良好环境；再细化到更具体的碳减排指标，最终实现宏观调控和微观管理的结合。目前，我国已在宏观层面实施一系列重要举措。特别是2022年9月，国内首个“低碳办公评价”标准正式发布。其中，基础评价指标包括“制度及宣导”“组织低碳行为”和“员工低碳行为”三个方面。在这一背景下，越来越多的企业开始落实“双碳”措施。例如，国家电力投资集团有限公司（以下简称“国家电投”）启动碳普惠平台建设，向全体员工发出低碳行动倡议，鼓励员工低碳办公。联想集团通过打造员工个人碳账户，构建“联想乐碳圈”这一碳普惠平台，使员工在该平台进行办公和生活领域的碳核算、管理、交易和社交等一系列活动。

现阶段，尽管企业“双碳”发展已进入实战期，但很多企业在“双碳”政策落实过程中还面临一系列挑战。这其中，“双碳”人才的缺乏是制约企业“双碳”政策贯彻和落实的关键一环。BOSS直聘发布的《2021应届生就业趋势报告》显示，新能源、环保领域对人才的需求远高于其他传统行业。2021年3月，“碳排放管理员”被列入国家新增的18项职业序列。此外，“十四五”期间预期我国需要55万至100万名“双碳”人才，而目前相关从业者仅有10万名左右，因此“双碳”人才存在较大缺口。

在这一背景下，开设企业低碳人力资源管理课程，撰写相关教材，建设低碳实验平台，为国家培养“双碳”人才，对于助力国家实现“双碳”战略目标具有重要意义。

1.2　企业低碳人力资源管理的基本概念

低碳人力资源管理是利用符合低碳理念的管理手段，实现企业员工心态、人态和生态和谐，最终实现企业经济、社会和生态效益的统一，使社会经济实现“低碳发展”“绿色发展”以及“和谐发展”（张珺，2022）。其核心是将低碳理念与人力资源管理结合。

1.2.1　企业低碳人力资源管理的内涵

企业低碳人力资源管理的内涵如图 1-1 所示。下面我们将从树立低碳意识、开发减碳能力、激励低碳行为、提供低碳实践机会等方面来展开论述。

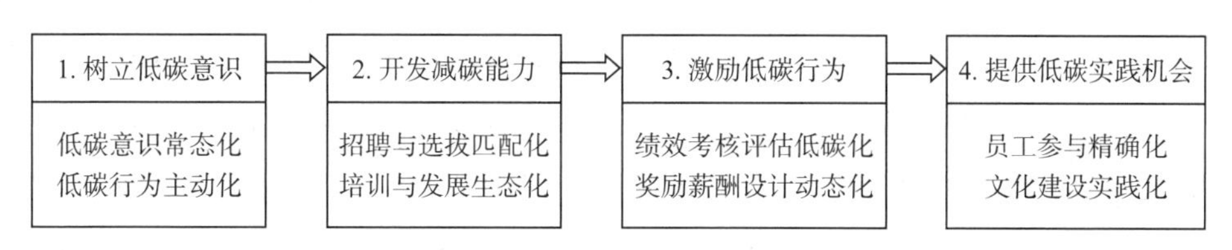

图 1-1　企业低碳人力资源管理的内涵

资料来源：陈永进，李茂．经济转型视角下绿色人力资源管理的应用思考 [J]. 领导科学，2018 (26):47-49.

1. 树立低碳意识

首先，企业在进行低碳管理时，需要人力资源模块帮助员工转变观念，树立低碳意识。员工应熟悉国内外及各地区关于“双碳”的政策法规，并了解合作伙伴及消费者对低碳产品、服务的需求。同时，员工要增强低碳责任感，从内心认同低碳管理理念（李刚，2013）。

其次，低碳管理要求员工在生活和工作中采取实际行动，推行低碳化生产与生活。例如，减少私家车使用，改为乘坐公交、地铁或班车等公共交通工具上下班；打印文件时使用双面打印，存储文件时使用电子文档，实行无纸化办公；用餐时按需取餐、减少浪费；离开办公室或家时，随手关灯等（李刚，2013）。

2. 开发减碳能力

企业低碳管理对人力资源模块提出了更高的要求。新低碳岗位的出现、绿色产品结构的升级都需要提升人力资源的素质和能力。因此，为了满足企业低碳发展的要求，需要加强内部员工低碳能力的培训和开发。

3. 激励低碳行为

企业低碳管理要求人力资源系统设置激励措施，鼓励员工主动学习并践行低碳理念。在传统人力资源管理中，绩效考核是激励员工的重要手段，将“绿色、低碳、环保”等低碳指标纳入员工绩效考核体系，并与薪酬挂钩，不仅能评估员工的低碳意识，还能通过奖励机制推动员工的低碳行为，增强其积极性。例如，管理者可以在绩效考核和评价体系中引入员工的减碳行为和低碳贡献，在晋升和加薪等方面设立相应的奖励制度，引导员工养成低碳行为（张成，2019）。此外，企业可以设置积分制度，对参与垃圾分类、光盘行动、低碳出行的员工发放环保积分，兑换相应的礼品。

具体而言，企业的低碳激励可分为物质激励与非物质激励（如荣誉激励和自我激励）。在物质激励方面，薪酬和福利是激励和留住员工的重要手段。人力资源管理部门应将浮动薪资与绩效考核结合起来，鼓励员工关注绿色低碳，从而促使其主动更新低碳知识并提升技能。此外，福利制度应结合物质与非物质激励，促进员工形成低碳理念。例如，发放低碳先锋流动旗、为低碳绩效较高的员工提供经济奖励和带薪休假等福利（张成，2019），满足员工的低碳成就感，激发员工的环境保护意识，在企业内部形成良好的低碳工作氛围。

4. 提供低碳实践机会

低碳人力资源管理的关键任务之一是激发员工参与低碳管理的积极性，并为他们提供参与低碳管理的机会，倾听基层员工关于低碳改革的意见和建议，从而为企业低碳发展注入活力。

首先，企业应根据行业特点、企业特征及员工低碳价值观等合理分配岗位，实现人岗匹配，充分激发员工的低碳工作积极性；其次，管理层要以身作则，在组织中营造良好的低碳氛围；最后，采用碳积分、碳普惠等多种激励方式，真正让员工融入企业的低碳管理，提升低碳管理成效，确保企业实现可持续发展（张成，2019）。

1.2.2 低碳人力资源与低碳人力资源管理的联系与区别

低碳人力资源是指能够推动整个经济社会低碳发展的劳动者的能力，即已直接投入低碳建设和尚未投入低碳建设的劳动年龄人口的能力，是人们可用来生产低碳产品或提供低碳服务的活力、技能和知识，是企业低碳经营中最活跃、最重要的生产要素（杨蕾，2019）。

宏观层面，低碳人力资源是以人为载体的特殊生产要素，涵盖了一个国家或地区内可供组织开发和利用的体力与智力劳动的总和，对低碳价值的创造具有决定性作用。微观层面，低碳人力资源是以人为载体、具有主观能动性的价值创造要素，包括低碳知识、低碳经验和技能等（彭剑锋，2018）。

而低碳人力资源管理是一种管理活动，是企业为了实现低碳目标，对低碳人力资源进行招聘、开发、培训、考核和激励等一系列的管理行为。低碳人力资源管理的范围更广泛，是一种以低碳为导向的人力资源管理体系。

1.2.3　企业低碳人力资源管理的内容

招聘、开发、培训、绩效考核与评价等都属于传统人力资源管理的主要职能，因此，低碳人力资源管理也应当从这些角度开展（孙茜，2018）。

首先，低碳人力资源管理的顶层设计将从低碳人才战略展开，包括低碳人才战略概述、低碳人才盘点及低碳人才职位分析。

其次是低碳人力资源管理的功能模块，包括第 3 章企业低碳人员招聘与开发以及第 4 章企业低碳员工管理，具体论述了如何进行企业低碳人员的招聘、培训、开发、绩效评估、激励、薪酬管理与职业生涯规划。例如，人才招聘需要将低碳理念融入企业人力资源管理的招聘中，即要求企业招聘的潜在员工能够充分了解低碳经济、生态责任及其相关理论知识，具有与企业低碳理念一致的价值观，并且具备帮助企业处理低碳相关事务的能力和素质，从而促使企业“双碳”政策顺利实施。此外，低碳培训是指将低碳经济、企业社会责任等相关理论及企业在低碳领域取得的成就等加入员工的培训内容，使每一位员工牢记企业的低碳责任与社会责任，培养员工与各个利益相关者就低碳事务进行沟通和协调的能力。

最后是企业低碳运行机制、低碳经济政策法规和劳动关系管理，以及低碳人力资源管理的发展趋势。包括企业如何进行低碳工作设计、目前有哪些企业低碳经济政策法规、企业低碳人力资源管理面临哪些机遇与挑战等问题。

1.3 企业低碳人力资源管理与其他人力资源管理的区别与联系

低碳人力资源管理是当今企业发展的必然趋势，通过比较其与绿色人力资源管理、社会责任型人力资源管理和可持续性人力资源管理的异同，挖掘低碳人力资源管理的发展脉络，有助于企业更好地应对低碳变革，服务国家高质量发展。

1.3.1 企业低碳人力资源管理与绿色人力资源管理

企业低碳人力资源管理最早可追溯于绿色人力资源管理，二者的区别与联系如表 1-2 所示。绿色人力资源管理是将绿色环保理念应用到企业人力资源的各个模块（如招聘、培训、绩效考核和升职加薪），通过激励员工的绿色行为进而实现企业可持续发展目标（张永成，2016）。绿色环保理念下的员工管理倡导以人为本，关注员工的可持续发展，追求企业利益与员工利益的协调统一。近年来，绿色人力资源管理的相关研究注重解决传统人力资源管理过程中存在的不环保、不协调等问题，试图通过绿色人力资源管理使企业走上符合绿色经济的可持续发展道路，实现企业与员工的共同可持续发展（杨子捷，2018）。

表 1-2 低碳人力资源管理与绿色人力资源管理的区别与联系

维度		低碳人力资源管理	绿色人力资源管理
不同点	实现目标不同	针对温室气体排放、全球气候变暖问题，目标是减少碳排放，实现“碳达峰碳中和”发展目标	主要针对环境污染和资源可持续发展问题，目标是实现环境保护和可持续发展
	关注重点不同	将降低碳排放的低碳理念融入人力资源管理全过程，激励员工在工作场所降低碳排放；例如，招聘具有低碳意识的员工，培训员工的低碳技能，在绩效考核和升职加薪中考虑员工的低碳贡献	将绿色环保理念融入人力资源管理全过程，激励员工在工作场所参与绿色环保行动；例如，招聘具有绿色环保意识的员工，培训员工的环保技能，在绩效考核和升职加薪中考虑员工的环保贡献
	经济效益不同	能够为企业带来经济价值和良好的声誉，能够持续推行	为企业带来的经济价值不明显，在企业内部难以持续推行
相同点	实现路径相同	都是在传统人力资源管理基础上进行变革，通过人力资源管理的各个环节来实现企业的低碳转型	
	最终目的相同	最终目的都是保护和改善环境，促进人与自然的和谐发展	

1.3.2 企业低碳人力资源管理与社会责任型人力资源管理

在人力资源管理活动产出方面，需要综合考虑个体、社会和环境因素，保持平衡并促进持续发展（初可佳、马俊，2015），由此衍生出了社会责任型人力资源管理（Social Responsibility Human Resource Management，SRHRM）。SRHRM 将企业社会责任的理念融入人力资源管理过程，SRHRM 的实施会影响员工对社会责任的态度和行为，推动企业社会责任的进一步实施（Shen and Benson，2016；王娟　等，2018）。SRHRM 主要包括招聘具有社会责任感的员工，为员工提供企业社会责任方面的培训，在绩效考核、晋升和薪酬奖励时考虑员工的社会贡献（赵红丹、陈元华，2022）。这种人力资源管理实践既是企业社会责任管理理念的体现，也是企业履行社会责任的重要手段。

低碳人力资源管理与 SRHRM 不同，两者的区别在于低碳人力资源管理专注于环境问题，包括招聘低碳专业人员，提供低碳培训，以及在绩效考核中加入员工的低碳贡献等；而 SRHRM 不仅关注环境，还为员工提供良好的工作环境和安全保障，在保证员工利益的同时鼓励员工积极参与外部社会责任活动。低碳人力资源管理和社会责任型人力资源管理的区别与联系，如表 1-3 所示。

表 1-3　低碳人力资源管理与社会责任型人力资源管理的区别与联系

维度		低碳人力资源管理	社会责任型人力资源管理
不同点	目标	将低碳理念应用到人力资源管理的各个环节，通过激发员工的低碳行为，实现企业的低碳发展目标，最终实现整个社会的高质量、可持续发展	针对员工的企业社会责任实践，通过招聘具有社会责任意识的员工，提供企业社会责任培训，在绩效考核和升职加薪中考虑员工的社会贡献，推动企业实现社会责任目标
	性质	环境导向型	社会导向型
	社会责任范围	较小，涉及类型单一	较大，涉及类型广泛
	关键问题	如何提升员工的低碳能力、动机和机会，以实现企业的环境保护目标	如何通过提升员工的社会绩效，进而实现企业的社会目标
相同点	理念导向	都强调以人为本，关注员工的利益和自身发展	
	战略导向	都着眼于企业长期战略，增强企业的长期竞争力	

1.3.3　企业低碳人力资源管理与可持续性人力资源管理

20 世纪 90 年代，可持续发展理念首次被引入人力资源管理，成为人力资源管理领域一个新的探索方向。可持续性人力资源管理要求企业制定合适的可持续人力资源管理路径，明确如何培养、留住、合理分配人才，以确保企业具备合适的人才竞争配置。其核心在于实现经济绩效、环境绩效和社会绩效三者的平衡，不仅要确保组织内部的人力资源具有可持续性，还要保证外部效益的持续输出，从而实现内外部效益的最大化。在经济、环境和社会的多重约束下，企业要推动人力资源活动的可持续、稳定和协调发展，持续支持个人、组织及社会的可持续发展目标，最终实现人力资源管理系统的长期可持续运作（唐贵瑶　等，2017）。

低碳人力资源管理已成为一种新的可持续性人力资源管理模式。在全球气候变暖的背景下，低碳发展对我国企业人力资源管理的目标、主体以及内容产生了深刻的影响，低碳人力资源管理在此背景下应运而生。其核心和内涵与可持续性人力资源管理非常相似。因此，企业低碳人力资源管理可以借鉴可持续性人力资源管理的方法与特点，在此基础上形成具有低碳理念的人力资源管理。

本章小结

本章总体框架如图 1-2 所示。

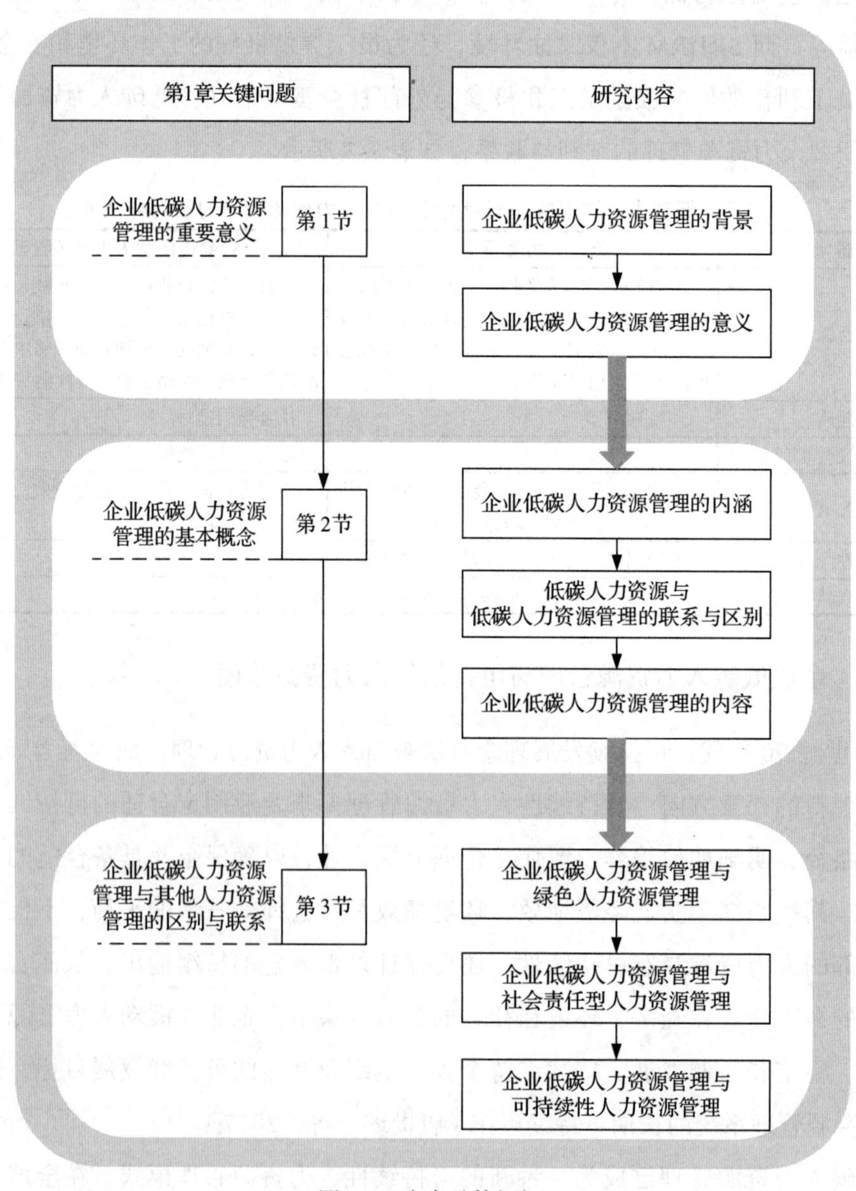

图 1-2 本章总体框架

1. 低碳经济是全球经济发展的主流趋势。目前我国低碳经济的发展主要处在“政府推动为主、大企业探索性行动为辅”的阶段，今后企业将逐渐在低碳发展中发挥主力作用。宏观层面、中观层面以及微观层面的现实背景对低碳人力资源管理提出了新的要求。企业面对低碳经济发展的全球趋势，应积极调整与创新企业人力资源管理模式，以“人”为中心，从知识、技能、经营等层面入手，推动企业低碳可持续发展。
2. 企业低碳人力资源管理对员工、企业、国家都具有重要意义，有利于提升员工低碳能力、为企业树立良好社会形象，最终有助于我国实现低碳可持续发展。
3. 低碳人力资源管理是将低碳理念应用到人力资源管理领域，最终实现企业经济、社会和生态效益的统一。
4. 低碳人力资源管理的环节包括低碳人才战略设计、低碳人才的招聘与开发、低碳员工的薪酬管理，此外还有低碳职业生涯管理、低碳领导力开发、低碳劳动关系管理等。

关键术语

低碳人力资源

低碳人力资源管理

绿色人力资源管理

社会责任型人力资源管理

可持续性人力资源管理

复习思考题

1. 低碳人力资源的提出有哪些现实背景？
2. 低碳人力资源管理对员工、企业和国家有何意义？
3. 低碳人力资源管理包含哪些内容？
4. 低碳人力资源管理与绿色人力资源管理、社会责任型人力资源管理和可持续性人力资源管理有何异同？

实践案例

中国石化：石油化工企业的绿色低碳转型发展之路

作为联合国全球契约领跑企业成员、一体化能源化工公司，中国石化坚定走低碳、绿色、安全、负责任的可持续发展道路，致力于将环境保护、社会责任及公司治理（ESG）更好地融入公司发展战略和生产经营。中国石化积极跟踪国内外应对气候变化政策的进展，结合实际制定了《中国石化碳排放管理办法》等制度。同时，针对性地采取减排措施，并借助碳移除技术，减少自身的碳足迹，助力国家碳中和目标的实现。

在人力资源管理方面，中国石化积极鼓励员工参与全民义务植树，共同促进森林蓄积量的提升，发挥其在减碳固碳与生态改善方面的综合功效。中国石化多途径开展节能低碳和绿色发展的立体宣传，在公司机关大屏幕电视、加油站多媒体显示屏播放专题宣传片《节能低碳　中国石化在行动》；通过微信、邮箱转发、推送公司节能低碳典型经验，让员工掌握节能技巧；积极开展节能低碳和绿色发展现场宣讲活动，向市民传递节能降碳理念，引导市民学习节能降碳知识，掌握节能降碳技巧。

资料来源：2020中国石化可持续发展报告，中国石化官网，2021年3月26日。
节能降碳，从我做起，中石化云浮分公司开展节能低碳宣传活动，百家号，2021年8月28日。

参考文献

1. 黄珍，贾明，刘慧．双碳目标下高校建设“低碳科技与管理”专业的探索 [J]. 新文科教育研究，2021（4）：60-73+142-143.
2. 新时代企业高质量发展研究中心课题组，贾明，杨倩．中国企业的碳中和战略：理论与实践 [J]. 外国经济与管理，2022，44（2）：3-20.
3. 马忠民，吴呈．低碳经济背景下企业碳成本控制研究 [J]. 中国集体经济，2017（36）：54-55.
4. 彭剑锋．人力资源管理概论 [M]. 3 版．上海：复旦大学出版社，2018.
5. 唐贵瑶，袁硕，陈琳．可持续性人力资源管理研究述评与展望 [J]. 外国经济与管理，2017，39（2）：102-113.
6. 杨蕾．经济转型视角下的绿色人力资源管理 [M]. 北京：经济管理出版社，2019.

7. 王娟，张喆，贾明．基于社会责任的人力资源管理实践与反生产行为：一个被调节的中介模型[J]. 管理工程学报，2019，33（4）：19-27.

8. 赵红丹，陈元华．社会责任型人力资源管理如何降低员工亲组织非伦理行为：道德效力和伦理型领导的作用[J]. 管理工程学报，2022，36（6）：57-67.

9. Shen J，Benson J. When CSR is a social norm: how socially responsible human resource management affects employee work behavior[J]. Journal of management，2016，42（6），1723-1746.

第2章 CHAPTER 2 企业低碳人才战略

引例

隆基绿能放大碳手印，绿色管理助力减碳

隆基绿能科技股份有限公司（以下简称“隆基绿能”）成立于2000年，是全球市值最高的太阳能科技企业之一。隆基绿能致力于推动行业的变革，走在从产品创新引领行业发展到通过技术创新重塑全球能源格局的道路上。隆基绿能涵盖了从光伏材料、光伏发电设备到太阳能电站系统的全产业链，致力于为光伏发电事业提供全面的解决方案。光伏作为一种清洁能源，其生产过程能够实现完全的零碳排放。因此，隆基绿能设立了生产制造经营全过程零碳甚至负碳的战略目标，明确了自身的碳中和责任。

隆基绿能“看得见”的碳中和责任

针对碳中和目标，隆基绿能规划了达成该目标的四阶段路径：第一，利用灵活的机制调整与需求端的积极响应，有效推动新能源的大规模整合与利用；第二，加速抽水蓄能技术的发展，为化学储能技术的成熟与广泛应用预留必要的时间窗口与成长空间；第三，依托化学储能技术的广泛部署，逐步建立起以新能源为主体的新型电力体系；第四，引入氢能作为深度脱碳手段，力求实现碳的零排放乃至负排放，圆满达成碳中和的最终目标。以上各个阶段有效衔接又互有交叉，体现了“自上而下”的碳中和责任规划过程，最终目标是使整个电力系统实现碳中和。

隆基绿能“分得准”的碳中和责任

为了从企业内部分解隆基绿能的碳中和目标，需要了解隆基绿能主要的生产经营流程。隆基绿能的光伏产业涵盖了整个产品生命周期从原料、制造、运输仓储、废弃到回收等阶段的碳排放量，制造环节覆盖从硅片到组件的整个产业链。隆基绿能的碳中和责任归集要完整包含产业链上的每个环节。

首先，沿着企业碳足迹将整个产业链上的碳排放按照来源归集为三大类：物料消耗，包括硅砂、辅料、封装材料（如钢化玻璃、EVA、TPT）等；能源消耗，包括从硅砂到冶金硅料、从多晶硅到单晶硅生产过程的能源消耗；废弃物，主要是硅砂还原到冶金硅的过程产生的二氧化碳排放，多晶硅还原、系统集成安装等消耗电力所转换计算出的碳排放量。

其次，将隆基绿能所有具有碳减排潜力的因子归集起来，包括人员、设备、物料、管理、技术、环境等因素。

（1）人员是影响企业碳排放的关键因素。隆基绿能的管理团队表示：“隆基绿能一直在倡导清洁能源理念，把可持续发展作为企业经营决策的核心衡量标准。通过在生产过程中使用清洁能源、进行技术创新与供应链协同等，不断提升光伏制造的环境友好度。未来，隆基绿能将持续优化供应链、完善制造工艺，进一步减少碳排放量。”这说明隆基绿能的管理层具备很强的低碳运营理念。“山更蓝，水更绿”是隆基绿能的企业文化，隆基绿能重视培养员工的节能减排意识，在碳减排潜力因子的人员维度，隆基绿能具备很高的碳减排潜力。

（2）在管理制度上，除了企业内部的绿色管理导向，隆基绿能还将碳减排管理延伸至整个供应链。2021年1月，隆基绿能率先发布《绿色供应链减碳倡议》，将绿色理念融入供应链管理体系，协同价值链上的供应商，对产品的绿色属性进行有效管理，减少其制造、运输、储存以及使用等过程的能源资源消耗和污染物排放。隆基绿能也是光伏行业首个提出“供应链减碳”的企业，得到了上百家供应商的响应。通过提升企业内部及整个供应链的碳减排管理水平，能扩大碳减排的比例，挖掘更深的碳减排潜力。

（3）在技术层面，隆基绿能于2013年左右率先引入金刚线切割技术，替代传统的砂浆切割工艺，推动了设备及金刚石切割技术的国产化进程。这一技术革新显著降低了切片环节的成本，并大幅提升了生产效率，引领行业进入“金刚线时代”。隆基绿能于2014年进入光伏组件领域，又成功将PERC电池技术引入单晶产业链，从此打开了单晶组件效率快速提升与成本下降的新局面，隆基绿能主导的单晶市场逐渐占据有利地位，推动了整个光伏产业的成本大幅下降，大大提升了企业碳减排的潜力。

（4）在环境层面，隆基绿能基于“山更蓝，水更绿”的企业文化，严格控制并详细记录与评估企业内部耗能、耗料、产生废弃物的过程，并积极探索企业环境碳减排的路径。例如，隆基绿能总部大楼的外立面大面积使用光伏板，能基本满足办公区的照明用电需求，将碳减排落实到日常工作环境中，积累了较强的碳减排潜力。

依据企业能源管理系统部署，隆基绿能将碳减排责任分配至各个职能部门：生产制造部门的重点是通过不断提升硅料提纯技术，减少提纯过程中的电能损耗；能源部门的重点是创新电能的生产方式——以清洁能源生产清洁能源，综合多种绿色能源，合力推进隆基绿能下游清洁能源应用项目落地实施；供应链部门协同上下游供应商共同建立全生命周期绿色供应链管理体系，实现光伏产业用“绿色能源”制造“绿色能源”，打造低碳经济的绿色能源解决方案；其他管理支持类部门也要培养企业绿色文化，减少工作和生活环境的碳排放。

隆基绿能“认得够”的碳中和责任

隆基绿能的主营业务——光伏产业链完全顺应国家宏观战略的“双碳”目标，加上2021年7月我国碳市场交易的正式启动进一步激发了光伏产业的发展动力，消费群体以及合作伙伴的低碳偏好也逐渐建立，这些因素都是激发隆基绿能迅速发展、加速实现碳中和的驱动力；隆基绿能倡导“以清洁能源制造清洁能源”“负碳地球”，体现了隆基绿能内部的社会责任担当，也使得隆基绿能在“双碳”战略背景下获得了很高的声誉，促进了企业进一步的高速发展和节能减排。因此，隆基绿能的碳减排行为具有很强的主观能动性，主动超前布局全产业链的碳中和。同时，隆基绿能率先垂范，将碳减排管理延伸至整个供应链，成为零碳制造的先行者。

隆基绿能在光伏产业链上所做的一系列部署与努力，都将为国家实现“双碳”目标贡献重要力量，甚至将显著助推国家能源结构的改良，为碳中和目标的实现攻克最难的一关。

资料来源：1. 贾明，正确认识企业碳中和行为，新浪网，2021年6月16日。

2. 郑慧瑾，罗婧璇，贾明，从源头和入口形成有效的碳排放控制阀门，南方网，2021年10月29日。

2.1　企业低碳人才战略概述

2.1.1　企业低碳人力资源战略规划的定义

1. 广义和狭义的企业低碳人力资源战略规划

企业低碳人力资源战略规划的定义有广义和狭义之分。广义的企业低碳人力资源战略规划是指：坚持以低能耗、低污染、低排放、高附加值、可持续发展为指导原则，以满足消费者实际需求与企业的发展为前提，根据组织战略、目标及内外部环境变化，预测未来任务和环境对组织的要求，进而通过各种人力资源管理职能活动为实现企业目标提供低碳人才，来达到资源节约和经济发展有效结合的目的，尽全力确保社会、经济与生态三种效益的一致性的过程。可以将广义的企业低碳人力资源战略规划视为人力资源管理战略的一部分，且与企业竞争战略密切相关。这一规划从企业低碳战略与环境的角度出发，不仅涵盖了低碳人力资源的数量、质量与结构的系统性规划（包括实现低碳战略目标的具体策略与相关安排），还考虑了低碳人力资源战略的内容与作用。狭义的企业低碳人力资源战略规划是指在环境保护与经济效益的双重目标下，企业对可能出现的供需情况进行预测，并据此调整人力资源的储备。这一规划的核心在于以低碳发展为前提，重点关注低碳人才在数量、质量与结构上的供需匹配。

2. 仅考虑组织利益和兼顾组织与个人利益的企业低碳人力资源战略规划

依据企业低碳人力资源战略规划的侧重点不同，可分为仅考虑组织利益以及兼顾组织与个人利益的企业低碳人力资源战略规划两种类型。

仅考虑组织利益的企业低碳人力资源战略规划认为，企业能够通过部署具有低碳意识、能力和动机的人才，来促进企业的低碳转型。这一规划聚焦于构建一个金字塔式的职位体系，各层级均配置适当数量且具备低碳素养的员工。其核心理念在于紧密结合企业的低碳环境目标及科学发展战略，确保在恰当时机为特定岗位引入满足要求的低碳专业人才，全面满足生产过程中对低碳人力资源在数量、质量及结构上的具体需求，从而实现企业的可持续发展。

兼顾组织与个人利益的企业低碳人力资源战略规划认为，在企业低碳转型过程中，在有效设定企业目标与保持生态环境平衡的条件下，组织应拥有必要数量和素质的低碳人才，使企业实现生态效益和经济效益的统一，从而实现企业的可持续发展。这种观点认为，组织的发展要与个人的发展协调一致，其最终目的是实现组织与个人的共同成长。

总之，企业低碳人力资源战略规划通过战略性的人力资源管理活动和制度安排，旨在有效获取、开发和优化配置组织所需的低碳人力资源，支撑企业可持续发展战略目标的实现和推动企业绿色低碳发展，持续改善生态环境质量，广泛形成低碳环保的生产生活方式。

2.1.2 企业低碳人力资源战略规划的功能

企业低碳人力资源战略规划的功能主要有以下几个方面。

（1）企业低碳人力资源战略规划能够实现企业可持续发展战略与低碳人力资源的有效对接，从而使低碳人力资源规划成为推动企业战略实施的关键工具之一。

（2）科学的企业低碳人力资源战略规划可以使低碳人力资源管理具备前瞻性、战略性、和谐性和环保性。此规划不仅优先投资与开发具有环保意识的低碳人力资本，还基于战略需求进行低碳人才储备，打造核心关键人才队伍，以支持企业的高速增长和未来发展的需要。

（3）企业低碳人力资源规划是一项技术性和操作性都非常强的战略工程。通过创新人力资源规划技术，可以显著提高企业低碳人力资源战略规划的有效性和可操作性，从而更好地支持企业低碳目标的实现。

2.1.3 企业低碳人力资源战略规划的内容

企业低碳人力资源战略规划基于“双碳”背景，企业要实现经济效益和生态效益必定要发展绿色经济、循环经济，走低碳经济路线，也就意味着必须实现以低开采、高利用、低排放、减量化和再循环为主要特征的低碳生产模式。企业通过分析产业环境、使命愿景、可持续发展目标等，从而确定低碳人力资源管理如何支撑企业战略的实现，如何使企业更好地实现“双碳”目标。在确定低碳人力资源战略使命与愿景目标之后，人力资源部门及直线经理应该明确各自的工作职责与需要发挥的作用，制订低碳人力资源管理战略执行计划，创建平台，建立机制，为低碳人力资源管理战略的实施提供保障。最后，企业需要对低碳人力资源管理的有效性进行评估，考核低碳人力资源管理给企业带来了多大的价值贡献，为实现“双碳”带来了多大的价值贡献，并利用评价结果对企业低碳人力资源战略进行调整，实现“低碳企业战略—低碳人力资源战略—企业低碳人力资源战略规划”的良性互动，增强低碳人力资源管理的价值创造能力。

1. 三项基础分析工作

作为企业低碳人力资源战略规划的基础，企业需要开展三项基础分析工作，具体如下。

（1）从外部环境因素及内部环境因素两个层面对企业战略进行解读与分析，即企业低碳人力资源战略规划要融入企业和谐共存、互利共赢的发展理念，反映企业的科学发展战略诉求，并满足企业的低碳环保战略需要。外部环境包括企业外部的政治、经济、文化、技术及生态环境等，一般短期内不受企业控制。内部环境指企业内部的低碳管理制度、低碳技术、低碳文化、低碳人才储备和团队建设等。

（2）企业低碳人才盘点与战略需求的差异性分析，即企业低碳人力资源规划应以未来需求和发展战略为导向，结合企业当前的问题和实际情况，以及企业的资源与能力，提出渐进式的系统解决方案。这种规划方式有助于在确保战略目标达成的同时，逐步实现低碳转型和可持续发展。

（3）行业最佳低碳人力资源实践研究与差异性分析，本项工作主要是为对标企业低碳人力资源管理体系提供依据。各行业在低碳方面都有领先企业，需要对领先企业进行全面分析，学习其先进的低碳管理经验，找出差距，并寻找自身优势。

2. 理念指引体制建设

企业低碳人力资源战略规划的理念具体包括企业低碳人力资源管理理念，可持续发展理念，保护生态环境理念，碳达峰碳中和策略与政策的研讨、提炼和确定，这是企业低碳人力资源战略规划的根本出发点。在对低碳人力资源战略进行解读的基础上，明确实施低碳人力资源战略所须建设的体制，将低碳意识融入低碳人力资源管理各个环节，包括低碳人力资源管控模式、低碳人力资源机制制度及特殊专项问题等。

3. 开展组织基础建设规划

在进行三项基础分析工作和理念指引体制建设的基础上，应开展组织基础建设规划，具体工作有：明确企业家人力资源战略意识与各级管理者人力资源管理责任；建立高层人力资源管理组织，如建立低碳人力资源战略委员会；确定人力资源部门战略管理职能并提升战略规划能力，以确定战略性的具体职能。组织基础建设规划的实质是为企业低碳人力资源战略规划的具体活动明确目标、主体、责任和职能。

4. 低碳人才数量、质量与结构规划的能力建设

根据体制建设的要求和低碳人才盘点的结果，对低碳人才的数量、质量及结构进行规划。这三方面的内容为企业低碳人力资源管理提供了指导方针和政策。

低碳人才数量规划从企业战略和环保目标的角度出发，综合考虑未来企业业务规模、地域分布、商业模式、业务流程和组织结构等因素，确定企业对碳资产管理师、碳排放管理师、碳排放核算师等低碳专业人才的需求量。在此基础上，制订企业未来低碳人力资源的需求与供给计划，以确保企业能够有效应对低碳转型过程中的人才挑战。

低碳人才质量规划是根据企业的碳中和战略、低碳转型模式等方面对员工低碳行为提出要求，为低碳相关的各个职类、职种和职层等相关任职资格制定标准。这些标准包括低碳意识、低碳能力以及绿色低碳行为规范等，旨在提升员工的低碳素养和环保意识，从而培养员工的绿色环保价值观，推动企业在实现可持续发展目标的同时，构建具有社会责任感的员工团队。低碳人力资源质量规划是企业开展选人、用人、育人和留人活动的基础与前提条件。

低碳人才结构规划依据行业温室气体排放特点、企业特征和低碳发展理念以及未来战略发展重点，对企业所需的低碳人才进行分层、分类。这些人才包括低碳战略规划人才、低碳产业领军人才、低碳科技创新人才、碳排放测算人才和跨行业复合型人才等。同时，低碳人力资源规划旨在从各个层面优化绿色低碳人力资本结构。例如，通过提高低碳技能人才的比例和优化低碳人才队伍的年龄结构，进一步提升企业的低碳发展能力。

5. 核心低碳人才队伍规划

凝聚力与合作精神是企业实现可持续发展和提升竞争优势的保障。低碳人才队伍规划具体包括：企业核心低碳人才评价标准的确定；高校、科研院所低碳人才培养保障基地建设规划；核心低碳人才职业生涯发展规划；核心低碳人才队伍建设规划；核心低碳人力素质能力提升规划。

6. 战略人力资源职能活动规划

战略绩效管理规划促使低碳绩效管理成为企业战略落地的工具；战略薪酬管理与激励要求实现薪酬吸引、留住与激励核心低碳人才的目的；低碳人才招聘与配置

要求实现绿色人力资本结构的优化；低碳人才的培养开发基于战略的一体化人力资源解决方案。

7. 低碳人力资源管理机制与制度变革规划

低碳人力资源管理机制与制度变革规划支持低碳人力资源管理机制的创新和变革。低碳人力资源管理制度涉及社会关系的规则以及社会组织的结构和机制。在低碳发展模式下，社会关系的规则、社会组织的结构和机制都发生了新的变化，因此需要进行相应的制度创新和设计，以确保低碳发展能够在良性轨道上推进。这些新制度将为企业低碳转型提供保障，帮助企业在实施低碳战略的过程中保持高效运作，并促使组织文化和管理实践更好地适应低碳发展要求。管理机制与制度变革体现了管理实践中的“柔性”思想，即通过变革让组织内部能力与外部环境快速匹配，其价值在于加强人的主体化建设，让人们的思想观念、思维方式和生活态度发生翻天覆地的变化，最终在企业内部建立生态化的环境，有利于企业实现可持续发展的目的。

8. 低碳人力资源管理知识与信息系统建设规划

具体体现为建设并规划企业的知识与信息管理系统，知识与信息管理系统能为企业低碳人力资源战略规划的具体活动提供技术支撑。

2.1.4　企业低碳人力资源战略规划模型

对于企业低碳人力资源战略规划的内涵，理论界和实践界主要有两种观点：一种观点认为，企业低碳人力资源战略规划本身就是一种战略准备，企业推崇科学发展和低碳行为，是一个由现状不断发展到理想状态的过程；另一种观点认为，企业低碳人力资源战略规划能够对有低碳行为和环保意识的员工做到精确定量，实现供需平衡。企业低碳人力资源战略规划主要有以下三种模式。

1. 基于供需平衡的经典模式

在碳达峰碳中和目标下，新能源、环保领域对高学历青年人才需求量大幅增加，环保领域缺乏高学历人才，低碳技术人才则更加匮乏。低碳技术人才匮乏主要表现在低碳技术青年人才、国际顶尖低碳技术人才、低碳领域人才服务保障匮乏等方面。经典模式将企业低碳人力资源战略规划视为基于供需平衡的精确计量与规划过程。在这一模式下，企业低碳人力资源战略规划的核心任务是有效、准确地预测人才供给与需求的动态变化。低碳人力资源规划的目标在于实现人才供给与需求之间的平衡，因此，低碳人力资源规划的过程本质上也是一个不断调整供需关系、确保平衡的过程。这种模式适合企业经营领域单一或规模小的情形，或者是企业内部需要对某一类人员进行专项低碳管理人才资源规划指导时。企业管理低碳技术人才的具体策略，应基于供需平衡来考虑。

2. 基于现状和理想状态的趋近模式

趋近模式实际上是一种战略状态，是一种对标的理念。该模式认为，企业低碳人力资源战略规划是找到一个模糊区间，而不是精确地计量。这种模式主要基于企业的碳中和愿景与减碳战略，以及企业在生态责任方面的承诺，进而确定企业低碳人力资源的最优状态。该模式特别适用于多元化的大型企业集团或国家、地区层面的低碳人力资源规划，帮助其在实现低碳发展目标的同时，确保各方面责任的有效履行。该模式基于低碳经济的背景，能够响应企业可持续发展战略规划，通过低碳人力资源管理的策略、战略性的低碳人力资源实践来支撑战略目标的实现，使得低碳人力资源管理真正成为战略性资源。

基于现状和理想状态的趋近模式认为，企业低碳人力资源战略规划应当根据企业低碳人力资源战略和企业发展前景而定，企业应明确如何进行低碳人才引进和培训、进行什么样的能力建设。一般而言，采取这种模式的企业低碳人力资源战略规划有以下六个步骤。

（1）分析企业战略背景与低碳人力资源现状。在这个过程中，要建立一套定量化的低碳人力资源评价体系，对本企业的低碳人力资源现状进行科学评价。

（2）根据企业战略分析低碳人力资源现状，确定低碳人力资源战略使命与愿景。

（3）根据低碳人力资源战略目标，通过低碳管理人才盘点等手段，对企业低碳人力资源问题进行界定，明确企业在低碳人力资源管理上存在哪些不足。

（4）按照低碳人力资源战略目标及问题，制定低碳人力资源核心策略与战略举措。

（5）确定重点任务与行动计划。

（6）建立企业低碳人力资源战略规划保障机制。

3. 基于企业核心竞争力的低碳人力资源规划模式

企业低碳战略的实现依赖于企业核心低碳技术与能力的支撑。在低碳经济时代，企业核心能力的根本载体是核心低碳人力资源。因此，吸引、识别、保有和增加核心低碳人力资源，实际上是在获取、保持和提升企业的核心能力，从而支撑企业绿色低碳发展战略的实现与升级。低碳人力资源规划本质上是为满足企业战略需求而构建核心低碳人才队伍的过程。企业的核心竞争力与低碳人力资源核心能力的高度契合，称为能力的匹配。通过打造一支核心低碳管理人才队伍，来支撑和推动整个企业战略目标的实现，可以视为基于核心竞争力的战略模式。这种模式强调了低碳人力资源在推动企业战略实施过程中的关键作用，尤其是在低碳转型与可持续发展中的核心地位。很多创新型、节能减排型、资源节约型企业只需要抓住核心低碳人才就可以支撑企业的持续发展。同时，以核心低碳人才来带动所有人才发展，打造企业竞争能力，实现企业核心能力与低碳管理人才核心队伍以及核心技能这两种核心之间的有效配置。

上面谈到的三种模式主要是制定企业低碳人力资源战略规划时的基点，即企业根据自身情况，选择什么方向来开展低碳人力资源规划工作。

企业低碳人力资源战略规划模型由两条主线和四个支撑平台构成。两条主线分别是体制线和人才能力线，四个支撑平台为低碳人力资源战略、低碳人力资源战略指导、战略性低碳人力资源管理活动与具体的低碳人力资源规划行动。由该模型可以看出，企业在制定低碳人力资源战略规划时，首先要对企业内部碳管理、碳利用、碳捕捉技术和低碳文化以及外部社会环境进行分析，明确企业的使命和愿景，将企业的可持续发展战略作为企业低碳人力资源战略规划的最根本出发点。其次，根据企业低碳发展战略、使命和愿景，结合低碳管理人才盘点的结果，确定企业低碳人力资源战略、使命及愿景。再次，对低碳人力资源战略进行解读，明确实施低碳人力资源战略所须建设的体制，包括低碳人力资源管控模式、低碳人力资源机制制度及特殊专项问题等，并根据体制建设的要求和低碳人才盘点结果，对低碳人才的数量、质量与结构进行规划。完成体制线与人才能力线的规划之后，低碳人力资源规划就要落实到战略性低碳人力资源管理活动上，包括低碳职位管理、低碳绩效管理、低碳薪酬管理、低碳培训管理等，并通过知识与信息管理系统进行整合。最后，根据各项管理活动的要求，制订具体的行动计划，建立并实施保障机制，确保各项行动计划与活动能够落到实处。通过这样一个过程，企业的低碳人力资源战略规划就实现了以和谐发展、互利共赢为理念，以低能耗、低污染、低排放、可持续发展为指导原则，通过体制建设和人才能力培养构建企业低碳人力资源体制优势和能力优势，并以具体的行动计划作为战略的落地点，从而通过战略性低碳人力资源管理活动推动企业战略的实现。

2.2 企业低碳人才盘点

2.2.1 低碳管理人才盘点的意义

通过低碳管理人才盘点，企业能更好地吸引、识别、培养和保留低碳管理人才，进而建立低碳管理人才梯队，提高企业核心竞争优势，使企业获得可持续发展。不仅如此，除了组织及人力资源工作，低碳管理人才盘点对员工个人也意义非凡，既实现了员工与组织的匹配，还明确了员工未来的改进及发展方向。

1. 低碳管理人才盘点对组织的意义

低碳管理人才盘点可以使组织明确未来发展所需要的人才、资源及能力。低碳管理人才盘点可以为组织低碳发展战略落地提供支持，优化组织绿色人力资本结构和配置效率，健全协作体系，提升配置效率。基于大数据的支持，企业可以完整记录员工的日常工作行为、工作过程、绩效完成情况，为全面了解员工现有的绿色知识技能提供数据支持。通过低碳管理人才的供需分析及胜任力模型的构建等一系列工作，支撑组织战略和可持续发展目标的实现。通过对低碳管理人才的梳理及评价，建立低碳管理人才梯队，促进组织持续健康、绿色发展。

2. 低碳管理人才盘点对员工的意义

低碳管理人才盘点可以使员工获知组织对低碳管理人才的需求及自身与组织的匹配度，有助于员工明确未来工作中需要改进及发展的方向，强化人才责任，提升低碳技术水平，增强员工的低碳意识，使他们自觉养成低碳绿色行为习惯，激发他们主动参与企业环境管理的积极性。

2.2.2 低碳管理人才盘点的内涵

1. 人才盘点的内涵

人才盘点就是对组织的人才进行梳理、评价、再配置的过程。通过人才盘点，使人才与组织相匹配，进而支撑组织战略的实现。

2. 低碳管理人才盘点的内涵

低碳经济是一种新的经济发展模式，与可持续发展理念和资源环境友好型社会的理念是一致的。低碳经济是以低能耗、低污染、低排放为基础的管理模式，低碳人才是企业获取并维持其竞争优势的核心资源，能够使企业中的资源得到高效利用及合理配置。拥有低碳人才的企业更有希望在市场中占据主动。随着企业对低碳人才越发重视，一个能够帮助企业评估其低碳人才数量与素质，从而支撑企业战略实现的方法得到了管理者的普遍关注与应用，即低碳管理人才盘点。

3. 进行低碳管理人才盘点的原因与时机

企业在实际的低碳人才管理中常常遇到如下困境。

（1）低碳人才市场缺口大、招募困难，企业中越是重要的岗位，其所需的招聘周期越长，且难度越大。

（2）外部招聘的人才难以适应企业低碳文化，这些“空降兵”的忠诚度较低。

（3）企业没有为员工制定明确的职业晋升通道或个人职业发展规划，致使企业低碳人才流动频繁，低碳人才因得不到企业的重视和缺少发展机会而倾向于寻找外部机会。

因此，企业在面对上述困境时，低碳管理人才盘点就显得尤为重要。低碳管理人才盘点帮助企业发现具有环保意识和社会责任感的优秀员工，能够更好地进行低碳人才选拔、岗位优化、低碳绩效管理、低碳培训，提高员工敬业度与忠诚度，进而实现社会价值、企业价值与员工个人价值的三者统一。

那么，企业应该选择什么时机进行低碳管理人才盘点？这需要企业从宏观和微观两个层面进行判断。

从宏观层面而言，合适的时机有如下六项。

（1）企业进行大规模的并购或业务重组。

（2）资源技术和减排技术创新，产业结构和制度创新。

（3）企业处于战略转型期，其业务策略、商业模式、运营模式发生巨大变化。

（4）企业经营业绩高速增长，管理跟不上业务发展的需要。

（5）外部环境发生巨大变化，“双碳‘1+N’”政策和体制改革。

（6）企业低碳管理人才供给、分布不均衡。

从微观层面而言，合适的时机有如下四项。

（1）企业核心低碳人才供给不足，过度依赖外部招聘。

（2）核心低碳人才难以保留，员工流失率高。

（3）关键人才的胜任力与低碳绩效目标完成情况不匹配。

（4）低碳管理人才梯队出现断层，没有人才继任计划。

一般如果有上述部分情况发生，就需要企业根据其目的展开低碳管理方面的人才盘点。但是，低碳管理人才盘点并非只有在上述情况发生时才可以进行。我们鼓励企业一年至少定期进行一次低碳管理人才盘点。

2.2.3 低碳管理人才盘点的类别

目前企业进行低碳管理人才盘点的形式虽多种多样，但大致上可以分为两个类别，分别是关门盘点和开门盘点。两种盘点方式各有侧重，企业要根据自身情况合理选择。

1. 关门盘点

关门盘点的方式一般由企业的低碳人力资源部门主导，通过与高校、科研院所、外部咨询机构合作，利用评价中心测评系统筛选出企业低碳管理的关键人才。但该盘点的方式往往只有企业高层及低碳人力资源部门参与，或者过多地依赖于外部咨询公司的评价工具，而且只覆盖关键岗位。

对于组织而言，如果只是需要快速发现、准确识别具有低碳意识、低碳技术的管理人才，进行覆盖个别关键岗位的人才盘点，那么关门盘点无疑是一种高效便捷的人才盘点方式。

关门盘点周期短、效率高，可供选择的工具丰富多样，有利于被评价者获得更为全面的自我认知，意识到自身在低碳知识上的缺陷，且保密性高。

2. 开门盘点

开门盘点由企业的业务部门经理主导，而人力资源部的角色转变为方法和工具的提供者，以及低碳管理人才盘点的组织者。盘点对象覆盖碳资产管理师、碳排放核算师、碳排放管理师等。为确保组织低碳管理人才盘点的顺利进行，企业通常需要成立低碳管理人才盘点委员会。企业 CEO 是进行低碳管理人才盘点的负责人，各部门经理负责低碳管理人才盘点的具体执行，人力资源部门促进整个低碳管理人才盘点过程的顺利运行。换句话说，开门盘点需要企业内多方配合来完成。

2.2.4　低碳管理人才盘点的程序

1. 明确低碳管理人才盘点目的

低碳管理人才盘点开展周期不一、方式不一，且有不同的目的和侧重点。企业在盘点前必须明确其目的，才能对症下药。需要注意的是，低碳管理人才盘点必须有高层领导的承诺及参与才能成功推进，因此需要时常与高层领导进行沟通，汇报进度，以取得他们对盘点的信任及支持，从而更好地服务于人力资源体系化建设，使低碳人才能力数字化、人才档案清晰化。另外，还需要制定低碳管理人才盘点的整体规划与时间安排，明确召开低碳管理人才盘点会议的时间与参与人选。

2. 识别低碳管理人才需求，评估低碳管理人才供给

在明确目的后，接下来需要召开低碳管理人才盘点会议。会议首先需要高层领导、人力资源部门及各业务部门负责人共同讨论企业未来发展规划期的战略对低碳管理人才的需求，对现有的组织结构及角色分工进行讨论，包括关键岗位职责、人员编制与空缺情况、组织效率和管理跨度是否合理等。全球低碳经济转型正当其时，新趋势催生新职业需求，其实质就是明确什么样的低碳管理人才可以支撑企业的战略发展，如果企业低碳管理人才储备不够，则可能影响企业的长远发展。紧接着，会议需要对企业目前的低碳管理人才供给进行评估，即判断当前的低碳人才数量与素质是否可以满足企业未来发展规划期的战略需求，是否可以支撑企业低碳战略的落地。

3. 建立低碳管理人才胜任力模型

对低碳管理人才的数量进行预测较为容易，难点在于对低碳管理人才的素质进行评估。这时候就需要企业建立自己的人才胜任力模型。低碳管理人才盘点会议的第二项议程是讨论企业的低碳人才胜任力模型，模型需要包括碳减排、碳中和技术的深厚基础；掌握碳减排、碳捕集及碳利用技术；对国家、行业以及相关行业的政策、发展趋势的了解程度。需要注意的是，低碳管理人才胜任力模型要以未来为导向，不可专注于过去已取得的成就和未来不可能取得的成就，胜任力模型的构建也并非一次会议可以完成的。

4. 制订行动计划

在完成上述事项后，我们将低碳管理人才需求与供给进行对照分析，便可以看

到低碳人才差距，据此有针对性地制订行动计划，包括为员工制定个人职业生涯发展规划、搭建企业低碳管理人才梯队、构建低碳管理人才队伍及制订继任者计划等。当然，我们后续也应该从低碳管理人才指标体系、低碳人才投入－产出比等方面对低碳管理人才盘点的效果进行跟踪与评估。

2.2.5 低碳管理人才盘点的误区

尽管低碳管理人才盘点对企业意义重大，且不少企业也定期对低碳管理人才进行了盘点，但由于在盘点过程中经常陷入一些误区，致使盘点的效果并不如预期，甚至还会出现负面效应。因此，我们对企业在低碳管理人才盘点中可能会陷入的误区进行了归纳，大概有以下三种。

1. 低碳管理人才盘点可以解决企业经营过程中存在的问题

多数企业高层管理者往往是在业绩下滑、经营成本高、企业文化缺失、人员流失率大，或低碳人才能力的发展与组织的发展不匹配时，才会意识到企业缺乏对低碳管理人才的吸引、识别、培养与保留。这时寄希望于让人力资源部门通过低碳管理人才盘点解决企业遇到的问题就有些勉为其难。此时的人力资源部门既无明确的盘点目的，又无合适的低碳人才评价指标及评估工具。我们应该把低碳管理人才盘点工作作为企业运行过程中的日常管理流程，而非在企业已经遇到“卡脖子”的问题，陷入低碳人才管理困境时再开展盘点。因此，低碳管理人才盘点的目的不是解决问题，而是发现问题。

2. 低碳管理人才盘点与经济绩效考核挂钩

不少企业将低碳管理人才盘点与经济绩效考核相结合，通过最终的考核结果来确定优秀员工及企业存在的问题，再制订相应激励及机制制度改进计划。在低碳经济背景下，低碳管理人才盘点的经济绩效考核往往只能衡量员工当下业绩的好坏，而不能对员工的未来发展进行预测。因此，单纯地将低碳管理人才盘点与经济绩效考核挂钩是不可取的。企业在进行低碳管理人才盘点时需要设立低碳方面的绩效考核指标，将员工的低碳环保意识和低碳环保行为纳入员工日常绩效考核范围。

3. 低碳管理人才盘点只是人力资源部门的工作

低碳管理人才盘点是为企业可持续发展战略服务的，是为企业核心业务服务的，而不只是人力资源部门用来识别低碳管理人才的。如果企业管理者并没有真正意识到建设低碳管理人才梯队的重要性，而只是由人力资源部门带头开展盘点，那么人才盘点的效果就会大打折扣。因此，低碳管理人才盘点工作既需要企业高层领导的重视，也需要业务部门的积极参与，只有这样才能确保低碳管理人才盘点的有效性。

2.3 企业低碳人才职位分析

2.3.1 低碳人力资源职位分析

低碳人力资源职位分析通过系统地收集、整理和组织与低碳人力资源职位相关的信息，进行深入的研究和分析，最终明确该职位的工作任务、工作环境、职责、任职要求及与其他职位的关系。职位分析的过程包括以下几个方面：首先，明确设立该职位的背景和目的，分析其具体职责和工作量；其次，提出完成工作所需的能力要求和技巧；此外，还需要整理绩效衡量因素、内外部联系以及工作条件等内容。这一分析能够帮助企业精确界定低碳岗位的核心职能，并为低碳人力资源的招聘、培训、评估和管理提供理论依据。对于低碳管理层和企业运营层而言，其工作内容和任职要求类似于传统意义上的人力资源管理，故本书不再赘述，此处主要列出低碳技术层主要职位的工作内容和任职要求，如表 2-1 所示。

表 2-1 低碳技术层主要职位的工作内容和任职要求

职位	工作内容	任职要求
碳排放监测员	对接监测主体和关联部门、收集组织层级监测计划或方案的要素	能起草监测计划或方案 能记录和对接活动 能记录排放设施、燃料、物料 能使用测量仪器和测量方法
	获取活动水平数据并确定排放因子、检查和维护监测设备、备案和归档监测工作文件	能确认支持性材料，甄别温室气体核算相关信息和数据 能读取并记录监测设备数据 能确定活动水平数据和排放因子 能检查并记录监测设备运行状态 能识别监测设备异常 能识别监测设备的测量误差 能与相关专业人员对接监测设备问题 能辅助相关专业人员完成监测设备的维护和校准 能归档和管理组织层级监测工作文件 能记录和归档项目层级监测工作文件
	组织层级核算和组织层级核查	能提供核算支持性文件 能查阅组织层级核算所需的数据、排放因子 能交叉验证组织层级核查所需的数据、排放因子

（续）

职位	工作内容	任职要求
碳排放核算员	处理信息和对接工作、划分统计核算边界、制订统计核算工作方案	能收集、整理组织层级统计核算和报告的信息 能对接组织层级统计核算主体内外部关联部门 能识别 1 个行业的组织层级排放设施和排放源 能划分 1 个行业的组织层级统计核算边界 能标定组织层级统计核算和报告的范围 能制定组织层级统计核算的工作流程 能编制 1 个行业的组织层级统计核算工作方案
	收集统计核算基础数据、统计核算排放量、编制和审定统计核算报告	能编制 1 个行业组织层级的统计核算基础数据收集表 能收集、整理和分析组织层级统计核算的基础数据 能统计核算 1 个行业的组织层级排放量 能编制 1 个行业的组织层级统计核算报告 能阐释组织层级统计核算结果
	建立统计核算质量管理体系、归档和保存文件	能检查组织层级统计核算数据 能使用组织层级统计核算质量管理体系 能检查归档文件的完整性 能整理归档文件
	准备组织层级核查前期工作、实施组织层级核查工作	能整理和提交组织层级核查资料 能进行组织层级现场核查前期准备 能根据核查机构文件评审意见整理、完善组织层级核查资料 能整理和提交组织层级现场核查资料
碳排放核查员	处理信息和对接工作、制订核查工作计划或方案	能收集、整理核查工作所需的资料和信息 能对接核查工作涉及的主体及其内外部关联部门 能开展组织层级核查前期评估 能提出核查工作目标 能编制组织层级核查工作计划或方案
	文件评审、现场核查	能编制组织层级文件评审清单 能审查组织层级数据质量控制计划及其支持性材料 能审查组织层级排放报告及其支持性材料 能判断组织层级数据质量控制计划执行情况 能实施组织层级现场排放设施、数据的核查
	建立核查质量管理体系、归档和保存文件	能使用核查质量管理体系 能编制核查质量管理体系文件 能检查归档文件的完整性 能整理归档文件
碳排放交易员	碳排放权交易前期准备	能收集、整理碳排放权交易基础信息 能收集、整理国家、地方碳排放权交易制度文件 能收集和整理碳排放权交易所需的账户材料 能安装碳排放权交易客户端系统或软件 能使用碳排放权交易客户端系统或软件的基本功能
	碳排放权登记业务办理、碳排放权登记账户管理	能申请开立碳排放权登记账户 能查询碳排放权登记信息 能整理和保存碳排放权登记活动相关信息 能管理碳排放权登记账户基本功能 能对接碳排放权登记活动监管工作

（续）

职位	工作内容	任职要求
碳排放交易员	碳排放权交易账户管理、碳排放权交易实施、碳排放权交易合规性和风险管理	能申请开立碳排放权交易账户 能查询碳排放权交易信息 能执行碳排放权交易方案 能收集和整理碳排放权交易市场核心要素信息 能对碳排放权交易账务进行常规处理 能识别碳排放权交易的不同风险，并收集和整理风险防范要求 能收集和保存碳排放权交易活动相关信息 能对接碳排放权交易活动监管工作
	碳排放权资金结算账户管理、碳排放权结算实施、碳排放权结算合规性管理	能执行碳排放权资金结算账户绑定操作 能查询碳排放权结算信息 能执行碳排放权结算活动基本流程 能定期核对碳排放权结算结果 能收集和整理碳排放权结算活动监管信息 能对接碳排放权结算活动监管工作
碳排放咨询员	对接咨询工作、制订咨询计划和方案	能与咨询对象及其内设机构对接咨询事项 能划分碳排放管理、碳足迹等主要项目的咨询边界和范围 能收集和整理碳排放管理政策、标准、技术规范和咨询工作所需的各项数据、资料 能起草和洽谈咨询项目任务书 能策划咨询工作的具体实施步骤 能制订碳排放管理、“双碳”规划、产品碳足迹等主要项目的咨询计划和方案 能组建咨询工作团队和专家团队 能测算咨询工作各项成本，编列项目预算
	制定咨询项目书面调研清单和现场调研提纲，编制书面调研、现场调研和测试项目报告	能划定收集资料的种类和范围，列出咨询工作书面调研清单 能提出咨询工作现场调研范围和重点，列出现场调研提纲 能列出测试工作范围和内容 能列出调研、测试工作的时间节点和调研、测试工作的对接方式和对接人员 能制订、执行咨询工作书面调研计划和方案 能阐释书面调研清单 能分析和处理书面调研反馈资料，提出补充调研意见 能根据书面调研情况提出现场调研、测试工作的补充内容和要点 能制订、执行咨询工作现场调研计划和方案 能阐释现场调研提纲 能分析和处理现场调研反馈资料，提出补充调研意见 能根据现场调研情况提出测试工作的补充内容和要点 能制订、执行测试工作计划和方案 能与咨询对象、检测机构及其工作人员对接测试项目 能阐释测试项目实施方案和工作清单 能处理测试项目实施过程中出现的问题，提出调整测试项目的意见 能编制书面调研报告，提出书面调研结论 能编制现场调研报告，提出现场调研结论 能编制或汇总对接测试项目报告，汇总测试项目结论

（续）

职位	工作内容	任职要求
碳排放咨询员	编制和对接咨询报告、质量控制和归档	能起草碳排放管理、“双碳”规划、产品碳足迹等类型的报告 能阐释和与咨询对象对接碳排放管理、“双碳”规划、产品碳足迹等类型的报告 能收集和整理碳排放管理、“双碳”规划、产品碳足迹等类型的报告 能执行咨询项目质量控制计划 能归档和管理咨询项目的各类资料

2.3.2 低碳人力资源职位评价

低碳人力资源职位评价是根据各职位对企业经营目标和低碳发展战略的贡献进行综合评估，从而确定低碳相关职位的相对价值。这一过程有助于确立一个合理且稳定的低碳相关工作结构，并开发一个基于低碳工作价值的制度。在此基础上，制定低碳相关职位的薪酬级别和职位待遇，并检验企业的减碳效果，从而优化低碳管理模式。这不仅有助于激励员工的低碳行为，还能确保低碳人才的合理配置和资源的有效利用。

1. 低碳人力资源职位评价的三要素

低碳人力资源职位评价是在低碳相关职位分析的基础上对低碳职位本身所具有的特性进行评价，从而确定不同低碳职位的相对价值。它的评价对象是低碳相关职位，反映了其相对价值，而不是其绝对价值。低碳人力资源职位评价包括评价对象、评价过程、评价方法三个要素。

（1）评价对象：以低碳相关职位为对象，即以低碳相关职位所担负的工作任务为对象进行客观的评比和估价。

（2）评价过程：根据事先设定的、能够全面反映低碳职位本质的职位评价指标体系，对低碳相关职位的主要影响因素（如减碳效果、企业低碳转型等）逐一进行测定、评比和估价。这一过程能够量化各个低碳相关职位的贡献和价值，并最终得出每个职位的量值。这种方法帮助企业科学地评估不同低碳相关职位的相对重要性，为合理配置资源、制定薪酬政策以及优化低碳管理体系提供数据支持。这样，各个低碳相关职位之间也就有了对比的基础，最后按评定结果，对低碳相关职位划分出不同的等级。

（3）评价方法：常见的评价方法有排列法、分类法和要素计点法。排列法和分类法是从总体上确定不同低碳相关职位之间的相对价值顺序，属于定性评估；而要素计点法旨在通过一套等级尺度系统来确定一种低碳职位与另一种低碳职位的相对价值，属于定量评估。

2. 低碳人力资源职位评价方法

职位评价是指为了确定各个低碳职位的相对价值而对这些职位进行的正式和系统的比较。职位评价的目的是确定职位的相对价值。职位评价的最终结果是工资或薪资的结构或层级，它反映了不同低碳职位或职位群的薪酬水平。职位评价涉及为企业中的每个低碳职位确定价值，此方法有助于企业制定低碳员工的薪酬标准。

以下通过方法的定义、步骤以及优缺点来介绍排列法、分类法和要素计点法，并举例说明要素计点法在低碳人力资源职位评价中的部分应用。

（1）排列法。排列法是企业在不进行低碳相关工作内容分解的前提下，由评定人员按照自身的经验，将各个低碳相关工作岗位的相对价值进行排列，进而确定各个低碳相关职位之间的关系。

排列法主要包括低碳职位分析、标准工作职位选择、低碳职位排列和低碳职位定级。低碳职位评价的排列法通常依据某些总体性的要素（如碳管理工作难度等），对某个低碳职位相对于其他低碳职位的价值进行排序比较，采取排列法时，通常需要遵循以下几个步骤。

1）了解低碳职位信息。职位分析是职位排序的基础，需要了解每一种低碳职位的相关描述以及职位描述中包含的关于工作职责的信息。

2）选取低碳职位并加以分组。通常是根据部门或者职位群，对职位进行分组。

3）选择低碳职位报酬要素。常见的做法是根据某种报酬要素（碳管理工作技能），对作为一个整体的职位进行排序。

4）对低碳职位进行排序。例如，向各评价者提供一套职位索引卡片，在卡片上写上对于某一低碳职位的简要描述。各评价者将卡片按得分从低到高的顺序加以排列。为使排序更精确，有些管理者还采用“交替排序法”。

由于排列法没有明确的报酬要素，它是一种简单也容易理解的职位评价方法，但部分企业存在过度依赖“瞎猜”的问题。该评价方法的优点是能尽快确立职位等级，而缺点是评定人员对工作内容不熟悉，易导致评定误差。同时，由于该评价方法的主观性太强，缺乏严格的、科学的评判标准，使评价结果弹性大，容易受到其他因素的干扰。

（2）分类法。分类法基于低碳职位分析，设立一套低碳职位级别标准，并将企业内的低碳相关职位与这些标准进行比较，从而将各个低碳相关职位纳入相应的等级。分类法是一种较简单且得到广泛运用的职位评价方法。低碳职位分类是企业低碳人力资源管理的一项基础工作，是以客观存在的事实为依据，将企业中的低碳职位，按其低碳工作性质、碳管理工作的难易程度、承担本项工作的资格及条件，加以分析和比较，并根据一定的标准，把每一个低碳职位都归入适当的等级档次，以作为劳动报酬和任用、考核低碳员工的基本依据。

在采用分类法时，评价者需要将职位划分为多个低碳职位群，每个低碳职位群中的所有职位在薪酬、职责等方面具有大致相同的价值。这些低碳职位群被称为职级。在这些职级下，薪酬水平通常相对统一，反映了相似的工作内容和责任。职等则是指在同一个职位群内，职位之间在工作的难易程度上相似，但在其他方面（如技能要求、责任大小、工作环境等）存在差异。职等的划分有助于进一步细化职位等级结构，确保在同一职级内部，职位的差异可以通过职等来区分，从而更精确地设定薪酬、发展路径和工作要求。通过职级和职等的划分，企业能够更清晰地确定不同低碳职位的相对价值，并为人才激励、薪酬设计和低碳转型提供更加合理和科学的依据。

在低碳人力资源管理实践中，可采用不同的方法对低碳职位进行分类。一种方法是先编写对低碳职级和职等的文字描述，然后根据每个低碳职位与这些职级或职等描述的匹配程度，将各低碳职位归入适当的职级或职等中；另一种方法是先为每个低碳职级编写一系列规则，然后再根据这些规则的描述将低碳职位划分到不同的低碳职级中。

该评价方法的优点是：过程简单；出现工作变动时，可依据既定的等级标准确定其所属等级；具有较强的适应性和灵活性，可以迅速响应职位调整、岗位变化或新职位的设立，从而确保企业的职位结构始终合理、清晰；在出现争议或纠纷时，能为争端的解决提供系统的框架和标准，帮助双方依据事先设定的职位等级标准进行公正评估，确保争议能够基于明确的规则得到妥善解决。但是，该评价方法的缺点是：等级界定时受主观意识影响，会产生一定误差；无法衡量职位间价值的量化关系，难以直接运用到薪酬体系中。

（3）要素计点法。要素计点法又称点数加权法、点数法，是目前低碳人力资源管理中应用最为广泛的职务级别评价法。其总体目的是确定要评价的低碳职位包含被选择的这些报酬要素的程度如何。这种评价方法要求确定每个低碳职位包含的报酬要素以及这些报酬要素在每一个职位上表现出来的程度。

在低碳人力资源管理中，进行要素计点法的基本步骤如下。

1）确定要评价的低碳职位群。

2）收集低碳职位信息并进行低碳职位分析，编写职位描述和职位说明书。

3）选择需要评价的要素。

4）界定评价要素。

5）确定要素等级。

6）确定要素的相对价值。这一步是确定每个要素的权重。

7）确定各要素及各要素等级的点值。

8）编写低碳职位评价指导手册、将职位归入适当的职级或职等中等。

要素计点法的优点是：主观意识不强，可靠性高；人们易于接受；应用范围广泛。缺点是：耗费时间和人力；确定评价要素定义和权重存在一定的技术难度；选择和界定评价要素、确定要素权重会受主观因素的影响。

3. 低碳人力资源职位评价的作用

（1）确定低碳职位等级的手段。低碳职位等级通常被企业作为划分低碳人才薪资级别和薪酬福利标准的依据，而低碳职位评价是确定低碳相关职位等级的最佳手段。通过低碳职位评价，企业能够根据各个低碳职位的复杂性、责任大小、技能要求等因素，科学地确定每个职位在组织中的相对等级。这不仅有助于确保职位结构的合理性，还有助于在薪酬管理中实现内部公平。

（2）薪酬分配的基础。职位评价为薪酬分配提供了基础，尤其在设立职位工资时，职位评价能够明确不同职位的价值差异。许多企业在工资结构中都有职位工资这一项，通过职位评价确定职位的相对价值后，可以合理划分职位的薪资差异。在国际化的职位评价体系（如 HAY 系统、CRG 系统）中，低碳人力资源职位评价同样适用，因为这些系统采用统一的标准，使得不同低碳企业、不同低碳职位之间的职位等级具有可比性。低碳职位评价的主要目标是解决低碳人才薪酬的内部公平性问题，确保低碳相关职位的价值可以真实反映其对企业的贡献。例如，在低碳领域，职位评价会考虑职位对碳排放减少、可再生能源发展、提升企业在低碳市场竞争力等方面的贡献。这种科学的职位评价方法有助于确保薪酬分配的合理性和公平性，进一步激励员工为企业的低碳目标做出更大贡献。

（3）员工确定低碳相关职业发展路径的参照系。低碳人才在企业内部跨部门流动时，需要参考各个低碳相关职位的等级。低碳职位评价可以帮助低碳人才熟悉企业内部的低碳职位评价标准，全面理解企业的低碳转型战略，从而为低碳人员在企业内部获得职位晋升指明方向。

（4）检验低碳环保效果的手段。在对低碳职位的主要影响因素逐一进行测定、评比和估价时，一定程度上也能反映某个低碳职位对企业实现低碳环保目标的影响程度。专业操作技能，即碳减排等关键技术对于减少企业二氧化碳等温室气体的排放具有重要作用。一个职位所掌握的“双碳”知识的难易程度和对“双碳”知识的更新要求也影响着企业战略目标的实现。职位评价可作为检验低碳环保效果的手段。

（5）优化管理模式的路径。运用要素计点法对低碳人力资源职位评价后，可通过评价结果进一步优化员工管理模式，适当调整职位的工作任务，及时协调低碳管理层、低碳技术层、企业运营层等各部门之间的配合，从而引导员工朝更高的效率发展，推动企业实现低碳环保、节能减排的目标，助力国家“力争2030年前实现碳达峰，2060年前实现碳中和”的“双碳”目标。

本章小结

本章的总体框架如图2-1所示。

在低碳经济时代，科学的低碳人力资源战略规划可以在很大程度上减少企业的潜在的风险，并且能更好地应对市场带来的挑战和危机，大幅提高企业人力资源管理工作的效率，确保企业的低碳人才资源不会出现事浮于人、人员流失和人力资源不足的情况。因此，在进行低碳人力资源管理时，要特别重视低碳人力资源战略规划。本章第1节阐述了企业低碳人力资源战略规划的定义、三种功能、八个方面的内容及三种低碳人力资源战略规划模式；第2节阐述了低碳管理人才盘点的意义、内涵、类别、程序、误区；第3节阐述了企业低碳人力资源职位分析、职位评价的三要素、职位评价的方法和职位评价的作用。

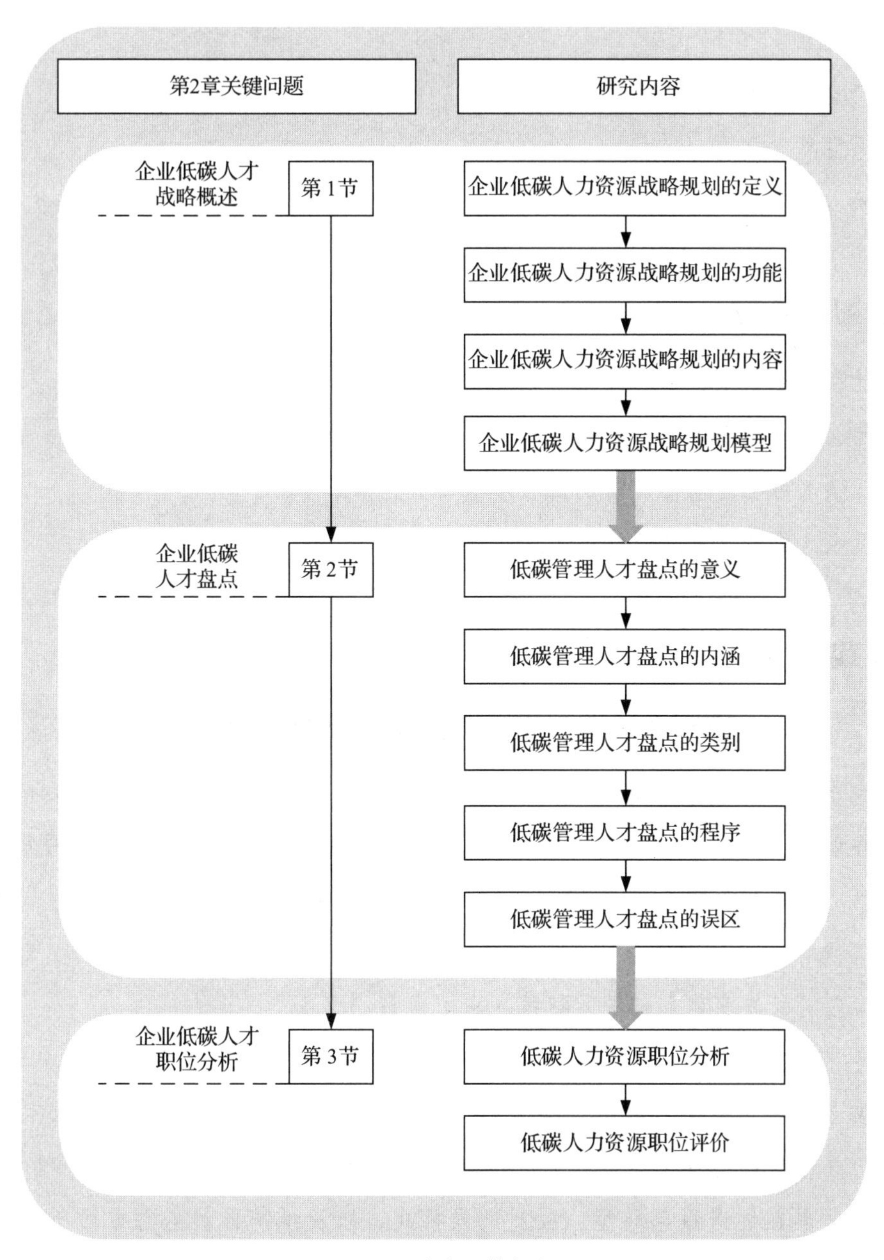

图 2-1　本章总体框架

关键术语

企业低碳人力资源战略规划

企业低碳人力资源战略规划的功能

企业低碳人力资源战略规划模型

人才盘点
关门盘点
开门盘点
低碳人力资源职位评价的三要素

复习思考题

1. 什么是低碳人力资源战略规划？它具有什么样的功能和内容？
2. 什么是低碳管理人才盘点？有哪些程序？
3. 低碳人力资源职位评价的三要素有哪些？
4. 低碳人力资源职位评价的方法有哪些？

实践案例

国家电网发布央企首份绿色低碳发展报告

国家电网在推动能源转型、应对气候变化中发挥着重要作用，是能源清洁低碳转型的推动者、引领者、先行者。为全面推进碳达峰碳中和目标，国家电网发布“双碳”行动方案；提升电网平衡调节能力，服务清洁能源高质量发展与消纳；全力应对极端气候自然灾害，建立应急保供机制；积极推动共建合作共赢的全球气候治理体系，为应对气候变化贡献中国智慧、中国力量。

近年来，国家电网积极履行社会责任，积极消纳清洁能源，深入推进电能替代，大力开展节能减排，实施全面环境管理，助力实现碳达峰碳中和目标。国家电网发布的首份关于绿色低碳发展的报告，标志着它作为中央企业迈出的一步关键性步伐，全面彰显了其在促进绿色转型、应对气候挑战，以及维护自然生态方面所采取的积极措施与取得的显著成果。这份报告不仅强调了国家电网在绿色能源领域的努力，还体现了其在减少碳排放、优化能源结构、推进绿色技术创新等方面的突出贡献，展现了企业在践行可持续发展和承担社会责任中担任的重要角色。

以国网张掖供电公司为例，为积极响应国家“双碳”发展号召，深入贯彻落实张掖市第五次党代会关于坚持生态优先绿色发展、争创国家零碳城市发展目标的要求，国网张掖供电公司开展低碳绿色办公宣传活动，鼓励引导广大员工争做“绿色办公、低碳生活”的引领者、践行者、传播者，用实际行动为建设“一屏四城五区”

做出应有贡献。除认真做好职工低碳绿色办公宣传工作外，国网张掖供电公司按照《张掖市“零碳”城市创建工作方案（2022—2025）》工作要求，全面优化园区低碳运行机制管理，组织开展计算机办公终端运行大数据监测分析，持续改进节能办公设备选购、终端运行参数设置、节能支撑软件安装、清洁能源利用等技术方案设计，推动完善自上而下、部门协同、科学高效、全面统筹的低碳办公工作机制，着力打造企业低碳办公样本，助力办公园区逐步实现“零碳”目标。与此同时，国网张掖供电公司以办公终端低碳运行为切入点，通过分析各单位计算机办公终端运行时长、功率和园区用电数据，利用标准电网排放因子构建终端碳排放量测算模型，科学量化办公能耗水平，形成办公终端低碳运行高质量监测分析报告，为全面推进公司“零碳”园区的建设提供数据支撑。此外，国网张掖供电公司充分发挥基层单位的主观能动性和创造性，推广并借鉴各单位终端管理的优秀典型经验，群策群力提升低碳办公管理水平；认真梳理总结山丹县供电公司计算机办公终端管理的优秀经验，推广并实施其办公终端低碳运行管理工作中的高频提示、动态监测、定期通报、常态宣贯、重点管控、绩效考核等典型经验，全方位提升公司办公终端低碳运行管理水平。通过以公司本部为示范点，充分利用现有资源，采用经济可行和先进适用的技术，多措并举践行低碳发展战略，倡导低碳办公，厉行节能减排，不断降低公司办公能耗成本，着力做好办公终端低碳运行常态监测和科学管控，推动公司“零碳”园区建设取得新进展，助力张掖“零碳”城市建设。

资料来源：国网张掖供电公司：多措并举践行低碳理念，创新方式推动绿色办公，新华网，2023年2月1日。

参考文献

1. 章轲．两会代表委员建言 适时制定碳排放权交易法 [N]. 第一财经日报，2022-03-10（A02）.

2. 刘杨．推进碳排放权交易市场建设 [N]. 中国证券报，2022-03-10（A08）.

3. 彭水军，张文城，卫瑞．碳排放的国家责任核算方案 [J]. 经济研究，2016，51（3）：137-150.

第3章 CHAPTER 3 企业低碳人员招聘与开发

引例

全球领先港口集团 PSA 打造“个人碳账户”，引领航运业可持续发展

碳阻迹（北京）科技有限公司（下称“碳阻迹”）签约 PSA 国际港务集团（以下简称“PSA”），为其打造“员工碳账户”，推动 PSA 低碳文化建设，赋能其实现净零碳排放。PSA 作为全球领先的国际港口集团和世界最大的集装箱码头运营商，其全球服务网络遍布 26 个国家和地区的 50 多个地点，投资组合包括 60 个深水港、铁路场站和内陆中心站，以及物流园、仓库和海事服务等关联业务。

航运业是全球贸易生命线，同时也是碳排大户。据国际海事组织（IMO）2020 年份数据，全球航运业每年温室气体排放已超过 10 亿吨。其中，二氧化碳排放量高达 98%，占据绝对主导地位。航运业的碳排放占全球人为活动排放总量的比重逐步上升，已近 3%。

PSA 致力于推动港口、物流行业的可持续发展，是气候行动的全球先行者，不仅在其资产组合中实现了脱碳、节能、节水以及减少废物排放，还将携手合作伙伴，共创更加绿色的物流新生态。

2021 年，PSA 宣布碳中和目标和路径：2030 年实现范围一、二的 50% 的碳减排；

2040年实现75%的碳减排；2050年实现净零碳排放。为实现“零碳”目标，PSA采用新技术和新能源加速碳减排，如推进设施设备的电气化，积极开发分散式风电、分布式太阳能光伏项目，优化用能结构，开发可持续供应链解决方案等。此外，PSA还将目光聚焦于低碳文化建设，希望通过引导带动员工、合资码头伙伴参与绿色行动，加速净零目标实现。

基于以上目标，碳阻迹借助碳云，为PSA设计了专属“员工碳账户”，以碳普惠形式系统激励员工聚焦办公与生活场景的低碳行为，如低碳出行（步行、骑行、地铁出行等）、低碳职场（线上会议、午休熄屏、双面打印等）、低碳差旅（高铁出行、自带洗漱用品）等，帮助PSA高效、低成本带动员工积极践行“低碳行动”。

PSA的“员工碳账户”还接入了港口和码头特有场景，增加PSA员工归属感，让“低碳生活方式”变得更酷、更有趣。PSA还在东北亚地区进一步推广“碳账户”小程序，力求与更多码头、供应链、数字化、可持续发展板块的伙伴共同践行可持续发展。随着全球碳中和目标的不断推进，“个人碳账户”日益成为政府、企业甚至个人争相追捧的“香饽饽”，“全民碳账户”时代已然到来。

资料来源：全球领先港口集团PSA携手碳阻迹打造“个人碳账户”，引领航运业可持续发展，碳排放交易网，2022年7月21日。

3.1 企业低碳人员招聘

为什么有效的低碳人员招聘很重要？自党的十八大以来，我国积极推进生态文明建设，积极参与全球气候治理，实施了一系列应对气候变化的战略、政策和行动，并取得了显著的绿色低碳发展成果。我国正为实现“双碳”目标不断努力，各个地区和部门持续增强国家自主贡献的力度，实施更加有效的措施，力争在2030年前实现碳达峰，并在2060年前实现碳中和。

企业应该响应国家号召，顺势而为，从自身做起，助力低碳目标的达成，因此低碳员工的有效招募显得尤为重要，专业岗位需要专业性人才。

企业若想要招聘低碳人员，弥补相关职位的空缺，首先要广泛撒网，让更多的人知晓企业的招聘状态，从而建立一个企业内部的低碳求职者人才库。而招聘低碳员工的方法有很多，本书列举了几种较为主要的途径。

3.1.1 低碳人员的招聘途径

1. 低碳候选人的内部来源

（1）内部筛选。从组织内部寻找低碳候选人有较多好处。首先，企业更加了解内部低碳候选人的优缺点，可以节约考察的时间和精力成本。其次，内部低碳员工对企业的忠诚度相对更高。再次，选聘内部人员填补企业空缺职位的做法带来的激励效果较强，企业内部致力于低碳发展的员工与企业间的匹配程度不断提高，有助于企业内部人员发挥更大的效力。最后，与外部候选人相比，内部候选人对企业内部低碳相关岗位培训的需求较少，培训成本也相对较低。但是，从组织内部招聘低碳员工也存在一些消极影响。例如，企业内部招聘带来的时间成本的现实价值不高，容易出现“近亲繁殖”问题。

（2）重新雇用。企业对曾经解雇过的低碳员工的情况有一定了解，而且这些低碳员工熟悉本企业的做事方式。但是，那些曾经被解雇的低碳员工再回来时可能会带有消极的工作态度。

企业可以尽可能地减少这些潜在问题。比如，在重新雇用他们回来工作之前询问他们在被解雇的这段时间里做了什么，以及他们对重新回到企业工作有何感受。当这些重新回到企业工作的低碳员工度过了试用期之后，企业可以将其曾在企业工作的时间合并计算。

2. 低碳候选人的外部来源

除了可以从内部招聘低碳员工来匹配相关岗位，企业还可以从外部进行低碳人员招聘，本书列举了一些企业招聘员工的外部来源。

（1）互联网招聘。现在的大多数企业都拥有自己的官网，除最新产品信息外，企业也会发布招聘信息。随着官网智能化水平的上升，求职者可以通过类别查找找寻自己喜欢的相关职业，或在智能推荐的帮助下通过填写爱好找寻职业，还可以在线填制信息建立简历，并在官网投递。

一些企业还会通过中间的互联网机构进行招聘，如“实习僧”“智联招聘”“BOSS 直聘”等。还有一些企业如宝洁、联合利华等的员工会在“知乎”“小红书”等 app 上发表自己的入职感受以及面试经验，也在一定程度上拓宽了企业的招聘路径。

（2）高级管理人员代理招聘机构。高级管理人员代理招聘机构（也称猎头公司）

是一种特殊的、具有雇用性质的代理机构，产生于企业对高级管理人员需求的增加。机构为企业在人才市场搜寻高级管理人员，由招聘的企业支付搜寻和推荐相关人员的资金。

高级管理人员代理招聘机构有很多优势。他们提供的招聘工作具有专业性、针对性，并且保密性强，时间较短。但同时也存在一些缺点，如高级管理人员代理招聘机构可能未能准确理解招聘企业的意向人物特点，未能理清企业的需求，或者为了节省时间和金钱，强行让候选人“符合”企业的要求。

（3）校园招聘。校园招聘（简称“校招”）是指企业通过派遣相关人员进入校园，进行应届毕业生的招聘。

企业要想在校招上找到低碳人员，首先要关注哪些大学设立了低碳相关的专业，只有“对症下药”才能事半功倍。截至2023年5月，我国碳中和专业及研究机构已超过55个[㊀]，例如中国人民大学设立了碳经济硕士专业学位、西安交通大学成立了水循环与碳中和技术研究院。在确定好前往哪些大学后，企业需要提前制定日程表，印制企业介绍手册，注意保管面试记录。需要注意的是，校招工作者准备工作不足、未以平等姿态对待求职者、无法对求职学生进行有效的筛选，均会使优秀的应届候选人对企业避而远之。

校园招聘有两个主要目标。一是确定候选人是否值得进一步考虑，通常需要评估求职者的以下个人特点：沟通能力、受教育情况、工作经验以及人际关系能力。二是吸引优秀求职者，真诚随和的态度、对求职者的尊重以及及时对求职者做出反馈等，都有助于将企业推销给更多求职者。

同时，企业可以尝试与低碳专业的学院保持良好的关系，增加与目标专业人员的互动机会。与大学就业办等机构保持密切关系也有利于企业在校园内进行线下线上双线并轨的宣传。企业还可以邀请招聘学校的校友进行宣讲，增强可信度，或通过邀请学生前往企业进行社会实践，进一步宣传企业。

企业一定要事先计划好面试的时间，并且按制定的日程行事。在面试中要注意避免使求职者受到干扰，使其能够充分关注每一位面试官。企业还应当尽早发出录用通知书，最好是在求职者来参观访问的时候。对想要录用的求职者进行频繁的跟踪，以了解他们的“决策过程进展到哪一步了”，这些都会有助于这些优秀的候选人最终选择本企业。

㊀ 国内高校成立“碳中和”研究机构的情况，原创力文档，2023年12月27日。

3.1.2 低碳人员的面试

1. 低碳人员面试的基本类型

对于现行大多数企业的面试类型，我们可以按照面试的标准化程度和企业实施面试的方式来进行分类。基于面试的标准化程度，面试类型可以分为结构化面试、半结构化面试和非结构化面试，如图 3-1 所示。

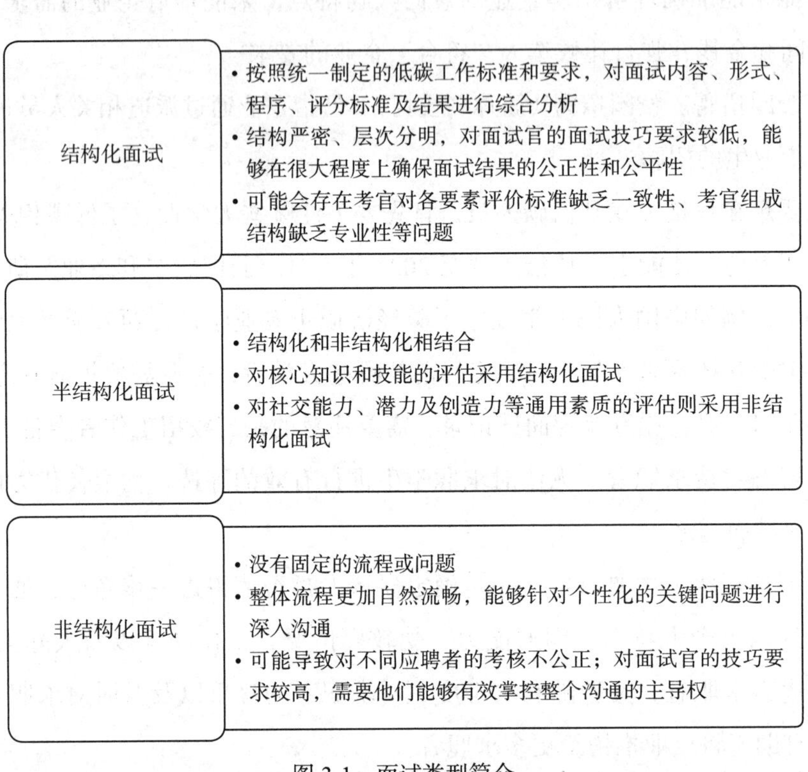

图 3-1 面试类型简介

基于面试的方式，可以分为一对一面试、小组面试和视频会议面试等。

（1）一对一面试：一对一的面试方式可以使面试官在不受周边环境影响的情况下，按照自己的逻辑结构有条不紊地询问应聘人员。此外，应聘人员也只需要关注眼前的这一个面试官即可。这让双方都能保持面试时的专注度，增加对应聘者低碳专业技能和素养的了解。

（2）小组面试：多个应聘者就给定的低碳相关问题展开回答与讨论。这能够使面试官在同一时间全面考察和比较应聘者在低碳价值观、专业技能、知识等多个方面的素质，从而为面试官提供更为客观的评估依据。

（3）视频会议面试：视频会议面试能够打破地域之间的限制，大幅降低候选人和企业的差旅费用。这能够使企业打破地域、时间限制，招聘最符合企业低碳转型需求的高素质人才。

3.1.3 低碳人员的有效配置与再配置

企业在招聘低碳人员后，如何配置就变成了至关重要的问题，有效的配置可以使得低碳人员在其岗位上发挥更多的能量。

1. 低碳人员的有效配置

（1）资源配置中的道德原则主要有以下三种。

1）公正的道德原则。公正是一种价值标准和道德规范，其内涵包括保障企业内部所有低碳人员具有平等获得收益的机会。在人力资源配置中，公正是企业需要遵循的原则。公正原则在低碳人员配置过程中主要体现在以下三方面：首先是公正的奖惩，奖励和惩罚应基于员工的实际表现，避免任何形式的偏袒或歧视；其次是冲突解决的公正，在处理员工之间的冲突时，应客观公正地处理，不偏袒任何一方，建立有效的申诉机制，让员工有权对不公正的决策提出异议，并进行公正的审查和处理；最后是培训和发展机会应公平分配，确保每个员工都有平等的学习和发展机会，无论是新员工的入职培训，还是现有员工的职业发展培训，都应基于员工的实际需求和组织的战略目标。

2）尊重员工的道德原则。尊重低碳人员的道德原则，强调管理活动的出发点并非企业利益，而是人的需要和愿望。当下，以人为本的思想对企业发展至关重要。企业管理者应遵循以人为本的原则，尊重低碳人员，为低碳人员在企业内部的职业生涯发展进行合理规划。

3）诚信与信任的道德原则。诚信与信任的道德原则不应仅仅针对企业，更应是低碳人员的行动准则。低碳人员自身应恪尽职守、诚实守信。企业也应通过培训等措施帮助员工形成并强化正确的价值观。

（2）人员配置的基本原则主要有以下四种。

1）能级对应原则。能级对应原则是指在组织中，不同层级、不同职位的人员应具备与其职责和权限相匹配的能力与素质。该原则认为，职位的设置与人员的能力必须相符，以确保工作的高效开展和组织目标的实现。具体而言，高层管理者需要具备战略眼光、决策能力和领导才能；中层管理者则要有较强的执行力、协调能力和团队管理能力；而基层员工则应专注于执行任务和发挥专业技能。通过遵循这一原则，企业能够有效提升团队协作与整体运营效率，避免因选人不当或能力不匹配而导致的资源浪费和效率低下。

2）优势定位原则。优势定位原则强调将员工的个人优势与组织需求相结合，以实现最佳的人力资源配置。该原则认为，每位员工都有独特的技能、经验和潜力，企业应通过识别和利用这些优势，来提升整体绩效和竞争力。遵循优势定位原则，企业可以通过科学的评估工具和方法，了解员工的特长和兴趣，从而为其分配最合适的岗位和任务。这不仅能提高员工对工作的满意度和积极性，还能促进团队协作和创新能力的提升。通过优势定位，企业能够更有效地应对市场变化，实现可持续发展。

3）动态调节原则。动态调节原则强调根据企业内外部环境的变化，灵活调整人力资源策略和管理措施。这一原则认为，企业在面对市场波动、技术进步或员工需求变化时，必须及时评估和调整人力资源配置，以保持竞争优势。动态调节包括对招聘、培训、绩效评估和员工发展等方面的持续优化。通过建立反馈机制和数据分析，企业能够实时监测人力资源的有效性，确保人力资源管理与组织目标保持一致。这种灵活性不仅有助于提升员工的适应能力和满意度，还能增强组织的整体韧性和创新能力，推动企业的可持续发展。

4）内部为主原则。内部为主原则是人力资源管理中的重要原则，强调在员工招聘、晋升和发展过程中要优先考虑内部员工。这一原则旨在激励员工的忠诚度和工作积极性，提升组织的整体士气和凝聚力。通过优先选拔内部人才，企业能够更好地利用已有的人力资源，减少外部招聘带来的不确定性和成本。同时，内部晋升有助于员工职业发展，增强其对企业的归属感和认同感，从而提高员工的工作效率和企业的竞争力。总之，内部为主原则不仅有助于优化人力资源配置，还能促进企业的可持续发展。

2. 低碳人员的再配置

企业通过人员招聘与甄选获得了企业日常运行与发展所需的低碳人才，但是企业的环境一直在变化，低碳人员的相关职业技能、个人素质也在变化，因此，对企业的低碳人员进行再配置就显得尤为重要。

（1）再配置理论基础。关于企业内部人力资源再配置的必要性，国内外学者从组织和员工内在需求出发进行了大量的研究工作，主要有以下几种有代表性的理论。

1）库尔特・勒温（Kurt Lewin）的场论。美国心理学家勒温提出，个人的绩效 B 是个人能力 p 与所处环境 e 的函数：

$$B = f(p,e)$$

该理论指出，个人所能创造的绩效会受到其自身能力以及其所处环境（即他的“场”）的影响。如果环境 e 与绩效 B 之间存在负相关关系，即员工所处的环境与其个人偏好不匹配，例如专业不符或人际关系不和谐等，则可能会对员工的绩效产生严重的负面影响。通常情况下，个人对环境的改变能力有限，常见的应对方式是离开当前环境，转而进入一个更为舒适的工作环境，这种情况会导致人员流动，因此，勒温的场论是研究人员流动的理论基础之一。

勒温的场论从人与工作环境不匹配的角度出发，探讨了人员流动的必要性，其中的传导因素，或称“不匹配”表征，反映了员工的绩效。因此，该场论为通过绩效评估或任职资格考核来确定组织内低碳人力资源的再配置提供了理论支持。

2）全脑模型理论。奈德・赫曼（Ned Herrmann）的全脑模型理论是一种关于思维风格和学习方式的框架，旨在帮助个人和团队更好地理解和利用各自的思维优势。该理论将大脑分为四个主要区域：左上（分析性思维）、左下（逻辑性和细节导向）、右上（创造性和直觉性），以及右下（情感和人际关系）。每个区域代表不同的思维风格，强调个体在思考和决策过程中的差异。

通过识别和理解这些思维风格，组织可以优化团队合作、提升沟通效率，并在培训和发展中更好地满足员工的需求，从而实现更高的工作绩效和创新能力。

（2）再配置途径，主要有工作轮换和职位升降两种。

1）工作轮换。工作轮换是企业内部常见的再配置途径，主要有以下四方面的优势。

a. 员工胜任力、能力多样化要求。现代企业面对外部环境不确定性增加的现状，受到知识经济冲击的影响，组织运行方式和对员工胜任力的要求发生了重大变化。新兴的柔性组织和团队合作模式对员工的知识、技能提出了更高要求。因此，培养具有多样化胜任力和技能结构的员工，已成为企业关注的重点。通过工作轮换，低碳人员能够具备多岗位的工作经验，有助于提升其适应能力和工作绩效。

b. 员工职业生涯发展。现代企业的价值不仅体现在自身的发展上，也体现在员工职业生涯的发展与实现上。研究表明，员工的个人发展和自我实现是影响员工满意度的重要因素。因此，根据员工职业生涯规划的需求，合理安排其在组织内部的工作轮换，不仅是帮助员工实现自我价值和提升满意度的重要途径，也是企业应尽的责任。

c. 提高适岗率。通过定期的工作轮换，组织内部常见的“人事不匹配”现象可以得到有效解决。工作轮换有助于清晰地发现员工与组织之间的“契合点”，即员工适合从事哪些职位，从而提高岗位适配度。

d. 防止腐败、山头主义。组织内部人员结构的固化不仅会削弱组织的活力，还可能引发腐败和山头主义等问题。适时进行工作轮换能够有效避免这些问题，促进组织内部的流动性和活力。

2）职位升降。在现代人力资源管理中，职位升降是一种常见的再配置方式，可以通过调整员工的职位等级，满足组织变化和员工发展的需要。职位升降通常包括升职和降职，升职是指员工因其表现优秀或承担更多责任而晋升至更高职位，降职则是因工作表现不佳或企业需求变化，将员工调整到较低职位。

这种方式能够有效优化组织结构，提升工作效率。升职能够激励员工，提高其工作积极性和忠诚度；降职则能帮助员工重新适应工作环境，减少不适应或表现不佳的情况，确保企业资源的有效配置。职位升降不仅有助于人才的合理流动，也有助于提升组织的整体竞争力。

3.2 企业低碳人员培训

3.2.1 低碳人员培训的概念与内涵

在低碳经济时代，组织所处的生存环境日益复杂且变化迅速，面临着来自数字化、智能化和人工智能等多个领域前所未有的挑战与冲击，这对低碳人员培训与发展提出了新的需求。如组织持续性学习的需求、员工低碳行为养成的需求、员工绿色价值观树立的需求、企业领导者和管理者领导方式与管理风格转型的需求等。这些需求推动企业树立全球视野，从维持企业持续核心竞争力的角度出发，思考并构建低碳人员的培训与发展体系。

人员的培训与发展作为人力资源管理中的关键环节，对于提升员工的技能和知识以适应不断变化的市场需求具有重要作用。低碳人员培训是人力资源管理中应对气候变化和推动可持续发展的重要举措。企业通过实施系统的低碳培训计划，能够使员工具备必要的低碳知识、低碳技能和低碳意识，以帮助企业应对当下的低碳转型目标。

低碳人员培训的主要做法包括开展低碳意识教育、提供绿色技能培训以及实施节能减排实践。企业可以通过组织专题讲座、研讨会和在线课程，向员工普及低碳理念和环保知识，增强其对可持续发展的认识。培训内容可以涵盖节能技术、资源循环利用和绿色办公等实用技能，帮助员工在日常工作中践行低碳生活。这种培训方式有助于提升员工的环保意识，鼓励他们在工作和生活中采取低碳行动，从而减少企业的碳足迹。同时，培养具备绿色技能的人才，能够推动企业在技术创新和产品开发方面的可持续转型，提升市场竞争力。此外，低碳人员培训还能增强企业的社会责任感，提升品牌形象，吸引更多关注可持续发展的客户和投资者。总之，低碳人员培训不仅是企业应对环境挑战的必要措施，也是实现经济与环境双赢的重要途径。

3.2.2　低碳人员培训的需求分析

1. 低碳人员培训的需求分析模型

低碳人员培训的需求分析模型主要有以下四种。

（1）戈德斯坦三层次模型。低碳人员培训的需求分析需要详细分析现状与目标之间的差距，将差距按照是否可以通过培训解决分为两类，以此确定低碳人员培训需求。只有正确把握了低碳人员培训需求状况，才能真正有效地组织并实施培训。该模型主要包括组织分析、任务分析和员工分析三个方面。

1）组织分析：组织层次的分析与企业战略和所处环境密切相关，企业在低碳转型过程中，要通过对企业低碳经营理念、可持续发展战略的分析，确定相应的低碳培训内容，为低碳培训提供可利用的资源，提高员工参加低碳培训活动的积极性。组织层面的需求分析由企业低碳发展战略分析、企业的资源分析、外部环境和法律限制分析组成。

a. 企业低碳发展战略分析：企业的经营活动服务于发展战略，企业的低碳人员培训也不例外。要坚持低能耗、低污染、低排放的发展原则，加强低碳的顶层设计，以低碳发展作为谋划各项工作的基本指向，推出线下和线上多元化的培训方式，支撑减碳战略落地。

b. 企业的资源分析：如果无法明确识别和利用低碳人员、节能知识以及清洁能源，就难以设定有效的低碳培训目标和内容。因此，需要对企业的现有资源进行分析。一般来说，企业资源分析包括对低碳人员队伍、碳排放管理技术、低碳创新能力的分析。通过企业资源分析，可以了解一个组织所拥有资源的大致情况。

c. 外部环境和法律限制分析：实际上，企业除了受内部环境的影响，还会受制于外部大环境。在低碳经济的大背景下，社会对低碳减排和可持续发展的要求不断提高，倒逼各行各业的企业开始进行低碳转型。许多新的专业和职业岗位涌现，如碳排放管理、碳排放交易、碳排放咨询、碳排放评估、碳排放核算、碳资产管理六个专业方向。法律领域也出现低碳相关法律法规，如《中华人民共和国能源法》《中华人民共和国可再生能源法》，国家在法律辅助下力求建设低碳经济社会，企业经济活动必须在法律要求范围内展开。因此从外部环境和法律限制两方面都要求企业培训员工如何在低碳转型中提高工作业绩和效率，如何减少碳排放量并提高能源使用率等。当新法律条文、新政策发布时，企业也应该培训员工如何遵守“双碳”政策和法律法规，或合理规避工作中的法律问题。

2）任务分析：组织分析的目的是从整体上把握整个组织及其工作团队的低碳培训需求，属于宏观和系统层面的分析。而针对特定岗位的培训需求，则需要通过岗位层次的分析来进行识别。任务分析主要是通过查阅工作说明书或具体分析完成某一工作需要的低碳技能，了解员工如何使用低碳知识和低碳技术，以低能耗、低污染、低排放的方式有效完成工作。通过现状与标准的比较，识别差距、分析原因，确认相应的低碳培训需求。在进行任务分析时，一般要按照下列步骤来进行：首先，选择有效的方法，列出一个岗位所要履行的工作任务清单；其次，确认任务清单，包括完成任务的碳排放量、所消耗的能源、时间和资金；再次，衡量该工作可被接受的低碳绩效考核标准，尽量用可量化的标准来表述；最后，确定完成每项工作任务的 KSA 范围，K（Knowledge）是低碳知识，S（Skill）是低碳技能，A（Attitude）是低碳意识。

3）员工分析：员工分析也称绩效分析，是通过分析岗位现任员工个体现实状况与理想状况之间的差距及其产生的原因，并结合员工个人职业生涯规划，来确定谁需要接受低碳培训，以及接受何种低碳培训。将“绿色、低碳、环保”理念纳入考核范围，通过设立低碳指标来评估员工的工作绩效，分析员工实际绩效与预定标准之间的差距及其原因，同时评估员工在低碳技术方面的熟练度与该技术要求的熟练度之间的差异及其原因。员工分析具体可从以下几方面入手。

a. 分析个体特征，即评估员工是否具备实现降碳目标所需要的低碳知识、技术、能力和意识。

b. 分析员工工作输入和输出，即考察员工是否接受了低碳专家的指导，包括应做什么、与谁合作、如何执行以及何时进行等。如果员工具备必要的低碳知识、意识和绿色环保行为，但缺乏适当的指导，其绩效水平也难以提升。

c. 分析员工工作回馈，即员工由于低碳绩效优秀而受到的激励的种类。企业要向低碳人员提供激励性绩效奖励，以此激发低碳人员活力，清除政策落地障碍，形成良好的低碳科技成果转化环境。

d. 分析员工工作反馈，即分析员工工作中收到的与任务相关的信息。员工需要及时的信息反馈，以确保工作方向、方式等的正确性。这要求企业向员工提供有针对性的、详细的工作任务执行情况，具体的资源消耗和完成任务的碳排放总量，使员工知道自己的工作是否达到绩效标准。如果员工在工作中没有及时获得对其表现的反馈（他们知道该如何操作，但不清楚自己做得如何），那么其绩效水平可能会受到影响。

（2）前瞻性培训需求分析模型。前瞻性培训需求分析模型由美国学者 Terry 和 Michael 提出，将“前瞻性”思想运用在培训需求分析是该模型的精髓。人类行为排放大量的二氧化碳等温室气体，引起了全球气候变暖，这反过来又影响人类生存与发展。降低碳排放强度不仅是保护地球的客观要求，也是为了保护人类共同的未来，因此需要发展低碳经济。随着社会进步和员工自我发展意识的提高，企业进行低碳转型，产业结构调整，人才结构优化势在必行。即使员工目前的工作绩效令人满意，也可能会因为需要适应社会低碳环境、新职位或工作内容要求的变化等提出培训的要求。前瞻性培训需求分析模型为这些情况提供了良好的分析途径，其有效结合组织的可持续经营理念、低碳发展战略目标和个人职业生涯规划，为组织和个人的发展提供了一个合理的结合点。同时可以达到激励员工的目的，实现民生改善，使培训工作由被动变为主动。但该模型也具有一定的局限性，因为是以未来需求为导向的，所以其预测的准确度难免出现偏差，技术的前瞻性未必都与战略及业务发展要求相对应，存在与企业战略目标相脱节的风险。

（3）以低碳文化为基础的培训需求分析模型。在低碳经济时代，低碳文化是推动企业发展的不竭动力。低碳文化作为一种意识，已经深入到企业的各个层面，甚至影响到每位员工的工作和生活。一旦企业形成了低碳文化，它将对企业的发展方向产生重要影响，同时为员工培训提供指导，从而使企业展现出强大的活力。

以低碳文化为基础的培训需求分析模型是一种新兴的培训需求评估工具，旨在帮助企业识别和满足员工在低碳发展方面的培训需求。该模型通过分析企业的低碳文化现状、员工的环保意识和技能缺口，制订针对性的培训计划。其优点在于能够确保培训内容与企业的可持续发展目标相一致，提升员工的低碳意识和实践能力。此外，该模型还促进了企业内部的绿色文化建设，增强了员工的归属感和责任感，从而推动组织向低碳转型。通过系统的需求分析，企业能够更有效地配置资源，实现培训的最大效益，助力可持续发展目标的实现。

（4）基于胜任力的培训需求分析模型。“胜任力”这一概念是由戴维·麦克利兰于 1973 年提出的。胜任力（Competency）是指个体在特定工作环境中，能够有效地完成任务和达到预期绩效的知识、技能、态度和行为的综合体现。对于低碳人员而言，这些特征包括低碳知识、低碳技能、低碳管理能力、自我认知、个性特质和动机等。胜任力模型将组织当中特定的工作岗位要求与低碳绩效相关的一系列胜任特征相匹配。在低碳人员培训需求分析中，引入胜任力模型具有重要意义。首先，胜任力模型能够明确低碳领域所需的关键技能和知识，帮助培训机构和企业识别员工在低碳转型过程中的能力缺口。其次，通过系统化的胜任力框架，可以制订针对性的培训计划，确保培训内容与实际需求相匹配，提高培训的有效性和针对性。此外，胜任力模型还可以为员工提供清晰的职业发展路径，激励其在低碳领域不断提升自身能力，从而推动组织的可持续发展。最后，胜任力模型的应用有助于建立低碳文化，增强员工的环保意识和责任感，为实现低碳目标奠定基础。

2. 低碳人员培训需求分析的程序

低碳人员培训分析的基本流程主要包括收集低碳人员培训需求信息、分析低碳人员培训需求、确认低碳人员培训需求、撰写分析报告和需求纠偏。

低碳人员培训需求信息是指与低碳人员培训需求相关的消息、情报、文献和资料等。由于低碳人员培训需求的多样性和多变性，只有在充分掌握大量有价值的信息的基础上，才有可能对培训需求做出正确的分析和判断。因此，低碳人员培训需求信息的收集需要借助各种有效的信息收集方法来实现。

在收集低碳人员培训需求信息后，需要对低碳人员培训需求进行分析，一般可从组织分析、任务分析和人员分析三方面展开，通过分析将需求分类：哪些需求有助于“双碳”目标的实现，哪些需求能避免“运动式”减碳，哪些需求能培育核心低碳技术，哪些需求有利于建设低碳人才梯队。

在进行有效分析后，就要撰写培训需求报告，介绍培训需求信息的获取情况与分析结果，得出客观结论。确定低碳人员培训需求之后还要通过实践过程，持续进行动态修正，舍去已经实现以及不合理的部分，补充不断增长的培训需求。

培训需求纠偏过程一般在以下三个阶段进行：一是在进行培训课程开发前，召开低碳专家会议，对已经确认的低碳人员培训需求进行再次确认，并将不真实、不合理的培训需求删除；二是在培训项目进行过程中，如果发现原来确定的低碳人员培训需求存在偏差，就要及时采取措施进行纠正；三是在培训项目结束后，要进行培训项目评估，根据评估结果，对低碳培训需求进行纠正。

3. 低碳人员培训需求分析的方法

低碳人员培训需求分析通常采用必要性分析的方法。这一过程涉及收集和分析企业在低碳转型过程中所获得的信息或资料，以判断是否需要通过培训来解决组织面临的问题，常见的培训必要性分析方法有观察法、问卷调查法、访谈法等。

（1）观察法。优点：这种方法能够获取关于工作环境的直接信息，例如“碳排放量”和“员工的办公方式”，从而将分析活动对工作的干扰降至最低。缺点：耗时较长，回收率可能较低，部分低碳人员培训需求信息可能存在不合理或不真实的情况。

（2）问卷调查法。优点：有稳定的、理想的低碳信息来源，打破时间和空间限制；时间和空间成本较低。缺点：当企业的产业结构调整或人才结构优化时，之前收集的材料可能过时了，需要依靠具备专业绿色环保知识的人员开展。

（3）访谈法。优点：有助于识别低碳人员培训需求的具体问题、成因及其解决方案，并且能够与受访者进行面对面的交流互动，从而更容易获得培训效果的反馈。缺点：耗费时间，分析难度大，需要有低碳技术实践经验的专家。

3.2.3　低碳人员培训的计划

在确定企业低碳人员培训需求以后，就要着手制订低碳人员培训计划，并在计划的制订中考虑企业利益、员工发展和社会责任的协同。在计划制订完成后，就要着手组织与实施计划，使培训计划得以实现。

1. 低碳人员培训计划的制订

根据低碳经济建设的需要，将低碳技术型人才的引进和培养作为培训计划的一项重要内容。高质量的低碳人员培训计划能激励员工积极汲取新知识，使培训活动更高效，最终增强企业低碳人力资源竞争力，同时减少不必要的人力、物力、财力浪费。在实施具体的低碳人员培训活动之前，企业必须制订一个全面的、可行的和持续的培训计划。低碳人员培训计划与一般的人员培训计划在内容上相同，只不过关注点放在企业的社会和生态责任上，它要求企业的行为不但具有经济性，更要有伦理性、生态性和社会性，更多地考虑企业的社会贡献目标。企业要认识到自己的社会和生态责任，认识到自身发展与社会发展相互依赖、相互促进的关系，将社会效益、生态效益与企业效益三者统一。制订低碳人员培训计划，需要考虑以下几方面的因素。

（1）低碳人员培训目标。低碳人员培训目标即低碳人员培训与开发计划预期达到的结果。低碳人员培训目标的设立是让受训者明白参加培训的原因，增强受训者的学习目标性，也可以作为低碳人员培训与开发活动效果的检验标准。低碳人员培训目标主要包括三个方面：受训者应该了解什么是低碳经济，什么是低碳管理，什么是低碳行为等（内容）；将“绿色”“环保”“低碳”理念纳入绩效和考核标准，设立具体的行为规范和相应的绩点（标准）；说明企业在低碳转型过程中，受训者达到指定学习成果的条件（条件）。

（2）低碳人员培训类型与规模。在低碳人员培训需求分析阶段，确定为谁培训和进行何种类型的培训。企业决策者出于对某一项特殊低碳人员培训内容的兴趣而开展此项培训，不过多地依赖低碳人员培训需求分析的技术性指标。低碳人员培训的规模受到多种因素的影响，包括参与人数、场地、培训性质、所需工具、时间安排以及费用等。通常来说，实操性强且对低碳技术水平要求较高的培训，其规模往往较小；邀请具有节能专业知识和实际经验的专家进行演讲类培训，可以扩大培训规模，从而降低每位员工的培训成本；而如果采用讲授、讨论和案例研究等培训方式，则需要将培训规模控制在一个合理的范围内。

（3）低碳人员培训内容。低碳人员培训内容主要有低碳知识培训、低碳技能培训和低碳意识培训。低碳知识培训使员工具备完成岗位工作所必需的基本低碳知识，如“双碳”政策、碳排放基础知识、碳排放管理方法等，了解企业在低碳转型过程中的发展战略、经营理念、愿景使命等。低碳技能培训使员工掌握完成岗位工作所必备的低碳技术和低碳能力，如碳资产管理能力、碳排放核算能力、碳排放控制能力等。低碳意识培训使员工具备完成岗位工作所要求的低碳意识等。

（4）低碳人员培训的方法以及费用。企业应该根据低碳人员培训的内容以及受训者类型、学习特点来选择相应的培训方法，如聘请外部讲师做内部低碳相关培训、内部讲师执行内部低碳人员培训、外派学习、定期组织低碳相关绩效面谈等。培训师是低碳人员培训活动成功的关键，是学习的促进和推动者，需要有一定的碳中和专业素养、低碳相关知识和实践经验。由于低碳人员培训需要费用，在低碳人员培训计划中通常需要编制费用预算。低碳人员培训预算是一段时期内为部门进行低碳人员培训所需要的全部开支。其构成主要包括：低碳人员培训场地费及设施；低碳培训相关人员的食宿费；低碳人员培训器材、教材费；低碳培训相关人员的工资以及外部培训教师讲课费、交通费、差旅费等。

（5）企业的低碳发展战略。在企业低碳环境使命的指导下，企业将过去单纯追求利润最大化或股东收益最大化的发展目标转为追求实现企业的低碳可持续发展，强调企业活动与员工发展目标、社会生态的平衡化。促进社会可持续发展，实现经济效益、社会效益、生态效益的协调统一。因此，在制订低碳人员培训计划时，低碳人力资源部门也需要考虑企业低碳发展战略，将物资利用最大化。通过集约型的科学计划与管理，使企业低碳人员培训所需要的各种物资得到最有效、最充分的利用和配置，使单位资源的产出达到最大最优。

2. 低碳人员培训的前期工作

在制订出切实可行的低碳人员培训设计方案后，经过上级部门的同意，低碳人员培训工作就进入正式组织实施阶段，需要一定的前期工作。培训效果的好坏不仅取决于培训师的水平，还取决于受训者的接受意愿。若组织成员对低碳知识了解较浅，掌握片面，会导致低碳意识不强，对低碳人员培训不够重视，使得低碳人员培训效果不佳。因此，在正式实施培训计划前，应先做好培训动员工作。

（1）告知培训的详细情况，主要包括低碳人员培训的日常安排、主要内容以及出席培训会议的企业领导和培训课程主讲老师等。

（2）综合不同意见，满足低碳相关合理需求。在很多情况下，受训者对于低碳人员培训的日常安排可能存在不同的意见，如果忽视受训者想法，将会直接降低其培训参与度与积极性。因比，在培训动员过程中，要注意综合不同意见，尽量满足参训人员的合理需求。这也体现了企业对员工的尊重，能够促进积极的培训效果产生。

（3）消除企业和受训人员的负面排斥因素，使受训者明白为什么要参加培训，以及参加培训能够给企业和个人带来的收益。培训不仅能提高企业的竞争能力，还能丰富个人知识技能，强化受训者的学习动机。

（4）强调培训纪律。若培训纪律松散，则培训效果会大打折扣。受训者的年龄、资历、岗位经验、低碳知识储备、低碳能力素养等各不相同，然而低碳人员培训的目标是一致的，所以制定相同的学习纪律来约束每一个受训者是必需的。

3. 实施低碳人力资源培训

培训实施是员工培训系统的关键环节。在实施低碳培训时，要制作低碳培训实施计划表和低碳培训方案具体实施表，通过制作这两张表，落实培训对象、培训讲师、培训地点、培训时间、培训内容等各种事项，确保培训的顺利实施，取得相应的培训效果。培训实施的具体控制与管理步骤如下。

（1）收集相关资料，掌握最新情况。这一步主要的工作包括从低碳培训需求评估人员那里获得有关低碳培训需求的评估报告，从制订低碳培训计划的人员手中获得低碳培训实施计划方案，以及从有专业节能知识和低碳技术职称的专家那里获得有关低碳培训计划的意见等。具体需要收集的相关资料包括：低碳培训需求的评估报告；低碳培训实施的计划方案；组织低碳培训的发展策略和目标；组织以往的实施计划和评估报告；碳排放管理师对培训的要求或意见；本年度组织培训资源的分配计划：在低碳培训实施计划中的课程大纲、拟邀请的培训顾问资料。

（2）根据低碳培训计划督导、检查低碳培训落实情况。根据低碳培训计划的目的和具体安排，培训组织部门可以到现场督导、检查低碳培训工作的落实情况。低碳培训是否按照原有进度安排实施，教师授课是否能够达成低碳培训计划要求（员工的高碳行为是否改变、低碳能力是否提高），员工是否遵守培训纪律以及员工的出勤率情况等，以便随时对低碳培训的工作进行调整。

（3）公布修改方案并跟进落实。公布修改后的计划，让开始实施低碳培训的相关人员了解修改后的计划。一方面，让他们明确自己的具体工作职责，是跟踪员工的低碳学习进度还是检验员工的学习成果在实际工作中的应用，掌握整体培训项目的有关情况；另一方面，起到培训动员的作用，使培训对象做好参加培训的准备，避免缺乏心理准备。

3.2.4 低碳人员培训的方法

1. 传统低碳人员培训方法

传统的培训方法是相较于应用现代技术的培训方法而言的，包括在课堂上学习、自主学习，以及专家传授，更多通过语言传递信息。低碳技术技能的学习可以充分运用低碳相关领域专家的指导，而具体低碳知识能力的提高则可以参加自主学习的培训项目。

（1）低碳课堂培训，主要有低碳相关讲座研讨和低碳相关案例研究。

1）低碳相关讲座研讨。课堂讲授的资金、时间成本最低，且能同时向较大规模的受训者提供某种专题理论知识，例如，“什么是低碳经济”“什么是低碳行为”“什么是碳市场、碳交易、低碳管理”，使得单个员工的低碳培训成本最低。在低碳培训过程中，员工能够充分了解法律法规中关于碳排放问题的相关规定，了解企业的利益相关者（如商业合作伙伴和消费者）对低碳产品和服务的需求。但是，低碳课堂培训只能同等程度地传授低碳相关的教材内容，却难以根据个体在低碳能力、低碳态度和兴趣上的差异来因材施教。

2）低碳相关案例研究。低碳案例研究是在低碳人员培训的过程中，培训师选择低碳转型成功或遇到“卡脖子”问题的企业案例，让接受培训的员工处理这些低碳转型典型案例，分析他们采取的相关低碳行动，指出他们行动的优点和缺点（例如，哪些行为是符合低碳要求的、哪些行为是节能减排可持续的、哪些行为是存在问题不可取的），提出更加完善的方案。这种方法可以帮助接受低碳培训的员工形成低碳意识，意识到全球气候变暖、能源短缺、环境恶化等给企业带来的政策和现实压力。受训者在低碳案例研究过程中进行自我思考和自我发现，根据多种因素（如人、环境、规则）来分析问题，进而发现有效的解决方法。

（2）自主的低碳学习。自主学习是指员工对低碳相关内容的学习具有完全的自主性。即，自行决定什么时候学习低碳相关知识和技能，以及让谁来帮助自己进行低碳学习等。员工只需要按自己的进度学习预定的低碳相关内容，不需要任何教师，直接降低了低碳培训成本。低碳人员培训师只是作为一名辅助人员，负责评估员工的低碳学习情况并回答他们提出的问题。在自主学习开展前，低碳人员培训师需要首先确认主要任务，继而确定以受训者为中心的低碳培训学习目标。由于学习目标取代了指导教师的地位，这一过程必须指明哪些低碳信息是重要的，哪些低碳知识是必修的，如碳交易、碳政策、碳管理。目标的制定还要考虑用于沟通培训内容的媒介因素（如文稿、录像、计算机、网络）。再将内容按照内在逻辑分成若干板块，每一板块都应附加考核测评实践练习，以便及时追踪低碳培训的成果。

（3）专家传授，主要有在职培训、情境模拟、商业游戏三种方式。

1）在职培训。聘任具有节能专业知识、实际经验，以及低碳技术职称的员工为培训师。在职培训通常用于以下几种情况：低碳新员工入职培训；在技术创新时提高低碳员工的技能水平；衍生出新职业时的岗位培训（碳资产管理、碳排放核算、碳排放评估）。

2）情境模拟。将接受培训的员工拟采用的措施在一种人为的、没有风险的情境中进行模拟，以展现其可能产生的影响。这种影响与员工在实际低碳工作中的结果相似，能以更加直接、高效的方式向受训者传授低碳技术技能。在采用情境模拟培训方法时，要注意模拟环境必须与实际的工作环境有相同的构成要素，必须能够准确地对受训者所发布的指令做出反应。正是由于这种原因，模拟环境开发的成本很高，需要对这种模拟环境进行不断改进。

3）商业游戏。以游戏方式对受训者进行潜移默化的低碳知识传递。受训者在游戏中收集行业内低碳信息后展开相应分析，然后做出低碳相关决策。商业游戏主要用于低碳管理技能的开发。游戏可以刺激学习，并按照商业的竞争规则进行。游戏多采用团队方式进行，在增进受训者低碳知识的同时锻炼其合作意识。受训者从游戏中学到的内容将以备忘录的形式记录下来。

2. 新型培训方法

（1）远程学习。允许不同地点的人同时进行学习的培训形式叫远程学习。一种是受训者通过培训设备和使用其他设备的受训者进行沟通，实现同步学习；另一种是通过个人电脑实现个人培训。远程学习本身就是一种低碳数字化的培训方式，降低了培训成本，不受空间的限制，通过声音和信息的交换，身处不同地点的受训者与培训者可以进行实时互动。远程学习的兴起体现了低碳人员培训需求的迅速变化，培训方式变得更具成本效益、时间更灵活以及更低碳。

（2）线上培训。数字时代背景下，人们的生活和工作方式大幅度转变，引起了数字化智云浪潮，云生态模式得到广泛应用，云培训模式不断出现，线上培训由计算机驱动，跨越时间和空间限制，培训者和受训者不必面对面地进行培训，而是综合各种类型的文本、图表、图像和声音信息手段，通过将各种形式的电子软件相互结合，把低碳培训内容形象化地展现给受训者，督促他们自觉学习碳政策、碳文化，保证受训者以多种方式获得不同的低碳培训内容，并且自由掌握学习进度和低碳培训安排，有助于提高受训者的参与热情和主观能动性，大大增加培训效果。

（3）智能化辅导系统。这是一种使用人工智能技术来指导低碳教学的个性化培训手段。在低碳转型的过程中，企业办公模式、培训方式逐渐智能化、数字化。智能化辅导系统能够诊断出受训者对低碳知识现有的理解和低碳意识的水平高低，根据受训者的回答，系统不断地调整呈现给受训者低碳培训内容的等级。智能化辅导系统能够更好地满足低碳员工的专业化需要，有助于企业向绿色低碳的数字化方向发展。

3. 团队培训的方法

（1）冒险性学习，也称野外培训或户外培训，强调通过有组织的户外活动来培养低碳团队的合作和领导能力。这种方式特别适合提升实操技能，例如低碳工作方法等。

（2）交叉培训，包括学科交叉培训和岗位交叉培训。学科交叉培训：工科、理科、管理学科能力叠加，包括计算方法，逻辑思维，碳政策、碳核查、碳资产开发、碳市场交易理论知识等各方面培训。岗位交叉培训：团队成员能够获得超越当前岗位现有的低碳知识和低碳技能，以最低的碳排放量成功地完成团队中其他成员的工作，来应对员工的变动。

（3）协作培训，是旨在促进低碳信息共享和共同承担生态责任的团队培训。其目标是实现团队在低碳绩效方面的最大化。

（4）行动学习，在以低碳学习为目标的背景环境中，以组织在低碳转型过程中面临的重要问题为载体，为小组成员提供学习实践成长的机会，让其在实际工作中具备高效处理能源、高效利用能源技术和减排技术、创新产业结构和制度等问题的能力，达到开发低碳人力资源和组织可持续发展的目的。

（5）团队的自我管理，强调能够管理团队的内部过程（如确定组织所需要的低碳人才类型、将低碳人员与工作任务相匹配）。其关键是要求团队内部形成良好的自我管理意识，主动从关于团队低碳绩效表现的反馈中进行学习。

4. 低碳培训方法的选择

在选择适合低碳培训项目的培训方法之前，通常需要评估不同培训方法的优缺点。首要任务是明确低碳培训希望实现的学习成果，这些成果包括对低碳意识、低碳能力、低碳技能、低碳知识的培养或提高。需要评估每种方法在促进低碳学习和转化低碳培训成果方面的有效性，同时考虑开发和实施该方法的成本以及可行性。

核心是保证培训预期效果所带来的收益大于培训成本。预算有限的企业可以优先考虑低成本、高灵活性的线上培训课程，也可以利用内部资源，组织员工分享低碳实践经验，开展内部讲座或研讨会，既节省费用又增强团队凝聚力，还可以与高等院校或专业机构合作，争取优惠的培训项目或资助。此外，关注免费的在线资源，如网络研讨会、视频教程和行业报告，都能帮助员工获取最新的低碳知识。

3.2.5 低碳人员培训的效果评估

企业低碳人员培训结束后，要开展低碳人员培训效果评估，检验受训者的收获和提高，并总结本次培训工作的不足、经验、教训，发现员工新的培训需求，确保下一次培训效果更佳。

低碳人员培训效果评估是在低碳培训项目实施后，对员工在知识、技能和行为变化等方面进行系统性评估的过程。通过评估，企业能够了解培训的实际效果，识别培训内容的有效性和不足之处，从而为后续培训提供改进依据。通过低碳人员培训效果评估量化培训成果，帮助企业判断投资回报率。同时，促进员工对低碳理念的理解和应用，提高其在实际工作中的低碳实践能力，为企业制定更具针对性的培训计划提供数据支持，推动低碳转型的整体进程。低碳人员培训效果评估要通过不同测量工具评价低碳培训目标的达成度，并据此判断培训的有效性。在进行低碳人员培训效果评估后，企业需要根据评估结果来审视整个低碳培训过程，通常情况下需要对培训项目进行调整和改造，并与有关部门沟通调整。

培训效果如何，能够从受训者所获得的低碳知识、低碳技能、低碳意识的变化和其他特性在工作中的应用程度和有效性中体现出来。若培训效果积极，则工作绩效会得到提高，培训目标实现；若培训效果消极，则工作绩效恶化，培训目标难以实现。

1. 评估的主要内容

最基本的包括调查受训者对培训项目的满意度，受训者对培训项目及其有效性的主观感受和看法。例如，“什么是低碳经济”“你对此次低碳培训的内容满意吗”。

在低碳培训结束后，受训者对学习成果的应用程度。例如，是否减少碳排放、是否践行绿色低碳工作方式、是否树立低碳环保意识、是否运用到低碳培训的内容。

低碳培训活动给组织是否带来效益，例如，减少碳排放、提高能源使用效率、改进技术、降低成本。

受训者的低碳意识、知识和技能是否得到改进，受训者对低碳战略的理解程度、合作精神、学习愿望、创新能力是否得到有效改善。

2. 评估的方法

（1）资料法：为了获得低碳培训评估的数据，可以大量收集低碳培训前的目标、对受训者的摸底调研、课后的测试问卷、受训者反馈、行动计划、自评表等资料。

（2）观察法：通过受训者的上司、同事、下属，或者低碳人力资源部门的培训组织者等旁观者的观察，评估员工的行为是否低碳环保，是否遵循可持续发展理念，从而评估培训效果。

（3）测试比较评价法：用同等难度的试卷在培训开始和培训结束时对受训者进行考核，对比员工在低碳技能、低碳创新、低碳意识、低碳责任等方面的提高程度。

（4）面谈访问法：管理者与员工之间进行面对面的沟通交流，了解员工培训目标的完成情况。同时检验相应员工对应掌握的知识技能的熟练程度，如碳排放、碳监测等低碳相关理论知识，碳交易、碳排放市场整体理论和知识技能的应用程度。

3.3　企业低碳人力资源开发

3.3.1　低碳人力资源开发的目标与原则

人员培训的一个重要目的是开发企业的人力资源价值，而进行低碳人力资源开发，首先要明白它的目标和原则，才能在实践中科学地开发企业的人力资源。

1. 低碳人力资源开发的目标

低碳人力资源开发的最终目标就是提高企业员工低碳相关的能力、动机和参与减碳行动的机会，进而帮助企业实现减碳目标。围绕这一最终目标，低碳人力资源开发的目标可分为以下几方面。

（1）实现企业与员工在减碳方面的双赢，主要从个体和企业两方面分析。

1）对个体：员工通过低碳相关的能力培训和开发，了解并掌握碳交易和碳排放行业动态、发展趋势，对于我国各部委关于碳交易、碳排放的最新文件精神有深刻理解，掌握碳排放、碳监测相关理论知识，提升碳交易、碳排放相关从业人员的业务能力。

2）对企业：通过低碳人力资源的开发，将绿色低碳理念纳入员工培训体系，开展绿色低碳教育和科普活动，加强员工对企业经营理念和低碳行为的认同感，使员工认识到自身对企业发展的重要性及企业对自身的重视程度，提高员工的主人翁地位，增强员工的敬业品德及职业道德修养，使员工与组织共同发展。对企业员工进行培训和教育的目的是持续提升企业的整体效益。而低碳员工培训的目标在于使员工掌握与其工作相关的知识、技能和态度，从而实现更为有效的工作表现，提高专业素养和业务能力，确保企业拥有一支掌握最新科学技术并具备较强创造力的科技团队和管理人才队伍。

（2）构建新型的低碳组织。企业是各种产品的主要生产者和供应者，是各种自然资源的主要消耗者，企业的行为是否绿色环保，是否节能减排，是否符合可持续发展的要求，对企业自身、国家乃至全人类的可持续发展都有着重大影响。开展低碳人力资源开发，能在提高员工价值的同时推动企业的人力资本和生产效率的发展，也有利于在企业内部构建新型的低碳组织。

低碳组织有助于企业建立科学合理的可持续发展分工协作体系，提高企业成长质量。在当前低碳经济背景下，构建低碳组织符合环境与市场的多重要求，可以有效适应和应对外部环境发展的变化，形成相互协调、彼此促进的组织体系，这种先进的组织结构能促使企业生产能力的最大化发挥、资源的最大化利用，大大提高企业成长水平。同时，构建低碳组织有助于保持社会利益和企业利益的一致性，实现全社会的低碳可持续发展。此外，成熟的低碳组织还有助于完善低碳领域企业间的组织联系和开发企业间的业务活动，实现资源整合和配置优化，企业边界并非局限于企业内部的管理体制和组织结构，而是拓展到了企业之间。这种组织联系的创新，既可以使企业内部集中资源、强化核心竞争能力，又能够使企业间相互取长补短，在协作中产生“1+1 ＞ 2”的效果。

2. 低碳人力资源开发的原则

企业低碳人力资源开发应遵循以下六个原则。

（1）协同规划。企业低碳人力资源开发的协同规划原则要求企业将自身的人力资源开发与国家政策、行业规划、地方布局相衔接，融入中央及地方相关领导小组和联席会议机制，使开发工作契合宏观导向，争取政策与资源支持。同时，企业内部要打破部门壁垒，加强跨部门协作，确保人力资源开发与业务需求紧密匹配。此外，企业还需要与高校、科研机构等外部主体合作，通过产学研联合等方式，拓宽开发渠道，提升开发质量，共同培养符合低碳发展需求的专业人才和复合型人才，为实现企业低碳目标及可持续发展提供坚实的人才保障，实现各方利益的有机统一。

（2）经济性与科学性相统一。低碳作为一种发展模式，其本质就是发展，不论是低碳，还是绿色经济、循环经济，其目的都不是节衣缩食，更不是限制经济发展。低碳理念强调节约能源和减少浪费，而机会成本较高的人力资源浪费尤其需要关注。因此，低碳人力资源开发提倡经济合理地利用人力资源，避免闲置和浪费，以实现资源效用最大化。只有保证企业内部低碳人才培养机制的科学合理，才能为企业低碳人力资源的开发奠定基础。只有开发低碳人力资源的各项措施科学可行，低碳人力资源开发才能取得效果。

（3）“引进来”和“走出去”。借鉴发达国家的低碳转型经验，并结合我国自身的发展特色，建设具有中国特色的“碳达峰碳中和”人才培养体系，培养碳中和领域具有国际视野的青年人才。促进低碳人才的国际交流合作，引进海外具有国际影响力的绿色科技领军人才，为其及其团队配套科技创新资源。通过技术入股、合作开发、“双聘双挂”、咨询指导、租赁合作、成果转让、技术支持等多种灵活方式，加大柔性开发低碳人才的力度。建设国际绿色科技产业园、创新中心和实验室等，为海内外“双碳”人才合作攻关提供平台。加强“双碳”人才开发相关研究的国际交流合作，共享相关经验、研究方法和研究成果。探索我国与相关国际组织共同投入的项目合作机制。在更加充分利用已有合作基础如国际劳工组织、“一带一路”绿色发展国际联盟和绿色经济行动伙伴关系等的同时，联合相关部门和机构主动建立“双碳”人才国际合作机制、平台和项目，发挥我国在绿色低碳领域的引领作用。

（4）和谐发展。低碳人力资源开发要注重企业与员工、生态环境以及市场需求等多方面的和谐共生。企业应特别关注低碳员工的个人成长和发展。低碳人力资源管理者应在实践中关注低碳员工的职业发展需求，为其制定相应的职业发展路线，以保障员工在企业内部的长远发展。同时，在尽可能采用低碳办公方式的同时，兼顾员工个人需求。例如，采用线上培训不仅能够有效降低企业培训成本，而且能更大程度地满足员工多样化的学习需求。此外，按照市场需求制订开发计划，明确所需人员类型、开发机制，实现企业与低碳市场需求的平衡。在满足员工、生态环境和市场需求的基础上，尽可能地以绿色低碳的方式开展人力资源开发工作，将碳排放降至最低水平，推动实现企业与生态环境的互利共生。低碳人力资源开发系统是企业整体系统的一个子系统，需要与企业的整体发展目标保持一致。

（5）产学结合。鼓励目前开设低碳管理相关专业的高校与专精特新企业进行产学研合作，联合培养低碳领域的人才。针对亟须解决的低碳人才需求，企业可与高校合作，联合制订不同层次的低碳人才培养方案。例如，拟开展低碳转型的企业与高校、职业院校共同设立产学研合作基地，进行教学、实习和科研活动。鼓励企业根据行业产业特色，积极与教育机构开展合作，加强分工协作、优势互补，组建一批碳达峰碳中和产教融合、产才融合的发展联盟。联合相关跨国企业组建跨国联盟，推动标准共用、技术共享、人员互通。

（6）以人为本。低碳人力资源开发要遵循以人为本的原则，充分尊重低碳员工的利益和需求。具体来看，企业要对低碳员工“因材施教”，根据员工的工作职责及认知能力开展相应培训，构建一支规模适当、结构合理、素质优良、健康稳定的低碳人才队伍，培养低碳领域的战略规划制定人才、低碳科技创新人才、碳排放测算人才等多层次的复合型人才。

3.3.2 低碳人力资源开发的内容

低碳人力资源开发的内容主要包括：获得优秀低碳人才；科学使用低碳人才；有效激励低碳人才；培育低碳人才。这些都需要企业人力资本的提升，需要通过有效的人才开发手段促进企业人力资本的提升，推动企业健康可持续发展。

1. 获得优秀低碳人才

低碳人力资源开发首先要考虑如何获得优秀低碳人才，这与企业的招聘相关。企业既可以选择从外部招聘，也可以选择从内部选拔，这也是企业人才结构调整的主要方式。在选人上，管理者要有一双慧眼，注重候选人思想与企业文化的适配性，即所说的“志同道合的人”。由于低碳事业与社会关系的特殊性，企业一定要挑选具有强烈使命感与正确事业观的员工，员工要认可“低碳”“节能”“环保”理念，认同企业的低碳管理制度和低碳文化。

因此企业在获得优秀低碳人员时需要采用外聘与内生相结合的方式，让其发挥互补效用。选聘时要关注企业人才数量变化，人才数量的调整是由企业经营管理情况决定的，低碳人力资源部门要随时根据本企业的经营情况和市场环境调整企业人力资源结构和数量，做到人尽其才，降低人才流失的成本。

健全人才发现机制，提升对低碳技术人才重要性的认识，制订特聘岗位需求计划，创建低碳领域技术人才清单，发现和引进一批具有国际水平的战略科技人才、科技领军人才、青年科技人才和高水平创新团队。建设海内外低碳技术人才高端创新平台，依托重大科技基础设施、新型研发机构、龙头骨干企业研发中心等开展顶尖人才扩大研究自主权试点，持续开办科学家论坛，打造具有吸引力的创新平台。建立持续跟踪联系机制，把握全球人才流动趋势，全面推进面向海外高层次人才设立的特聘岗位工作。完善相关引进政策，推行更加开放和更具吸引力的海内外低碳人才引进与聚集政策，以吸引更多优秀人才。

2. 科学使用低碳人才

低碳人力资源开发讲究科学使用低碳人才，对每一个职位进行详细的工作分析，摸清工作性质难易程度、所需要的文化程度、技术水平要求、工作经验等，进行针对性择才，要求做到量才适用，达到人岗匹配。定期对低碳人才使用情况进行全面考察，对学非所用、用非所长、大材小用等情况，按照企业低碳人力资源管理程序，适时进行整改。人尽其才，并给予人才合理的薪酬，赋予人才相应的权限，制定富有竞争力的绩效和激励方案，以减少人才流失、员工抱怨和管理过程的沟通成本，实现组织预定的目标。健全企业用人制度，让员工能够进行自我约束、自我管理，持续寻找“低碳”变成“高碳”的“不和谐”和“成本升高”的行为和管理方式，并对症下药。

完善低碳人才评价机制，建立企业评价标准和职称评审专业目录，设置评价周期，支持自主评价、市场评价、社会评价和同行评价。健全收益分配制度，深化薪酬待遇、科研经费、股权鼓励改革，加大对做出突出贡献的人才的倾斜力度，把成果与薪酬挂钩，实现科研人员的知识价值。

实现培养对象的精准政策供给，实施“人才补贴”制度，探索实施“人才投”“人才贷”“人才保”政策，加大低碳技术人才选拔培养和支持力度。开通评审绿色通道，支持优秀低碳人才在科研项目和计划中担任主要负责人，享受各项优惠政策、专项补贴和奖励，并可参评科研技术奖项。加强低碳产业领域的人才培养，推动人才向新兴的低碳产业发展。

3. 有效激励低碳人才

企业的目标是让员工在享受工作的同时为企业创造最大价值，让员工以极大的兴趣投入到工作中。企业应制定低碳技术人才服务保障办法，优化低碳技术人才住房、子女教育、医疗保险等服务。完善人才发展监测评价标准，实行更加开放便利的人才引进和落户管理制度，建立与国际接轨的高层次人才薪酬、科研资助和管理制度。打造低碳技术创新中心，引导并鼓励低碳市场主体培育发展低成本、便利化、全要素、开放式的众创空间，为低碳技术人才创造良好的发展环境，重点支持“专业领域突出、层次高端、结构合理”的高水平创新团队建设，为绿色低碳科技创新提供高端人才保障。完善高校、科研院所低碳技术人才激励、流动机制。加快科技体制改革，创新对绿色技术创新的管理方式，以人为本，注重激发活力，清除政策落地障碍，形成良好的绿色科技成果转化环境。采用职位晋升、薪酬福利或低碳文化精神激励三种方式实现人才的有效激励。

只有将以低碳为核心价值观的文化注入人才的事业、情感、福利，才能使对人才的激励具有长效性。例如，很多中高层员工之所以能够被行业领先的低碳企业所吸引，就是因为他们被企业“做低碳科技的引领者”的使命以及“人与环境的和谐高于一切”的核心价值观所打动。

4. 培育低碳人才

培育低碳人才，为实现碳达峰碳中和目标提供坚强的人才保障和智力支持，要从教育体系、科研平台、产教融合等多个方面发力，完善课程体系、强化专业实践、深化产学协同，加快培养专业人才，构建一套科学、严密的人才培养方案。要聚焦于碳达峰碳中和技术的需求，秉持市场导向，支持相关学科的发展，培养复合型绿色低碳人才。同时，加强科技转化和技术服务人才的培养，构建高校、科研机构和企业之间三位一体的人才流动机制。设立低碳技术科研人员研究基金，并建设低碳技术创新人才基地，长期稳定支持具有发展潜力的中青年科学家开展探索性、原创性的低碳研究。在高校推广企业导师制，鼓励高校开办低碳技术专业教育试点，设立流动岗位，引进专业技术人员从事教学科研工作，设置低碳技术相关专业，持续推进低碳领域新工科建设，培育低碳技术复合型青年人才。在青少年群体中组织开展地毯式创新教育活动，如低碳技术展、低碳课堂等，强化对青少年低碳人才的发现与培养，建立大中小学衔接的顶尖创新人才培养体系。加大高学历、高技能型人才职业培训，进行学科交叉、工科理科文科能力叠加，从碳政策、碳核查、碳资产开发、碳市场交易等重点基础模块出发，结合不同行业、企业供应链管理需求及绿色低碳金融工具应用等各方面知识进行培训，以低碳技术创新推动重要领域的高学历低碳人才培育。

本章小结

本章总体框架如图3-2所示。

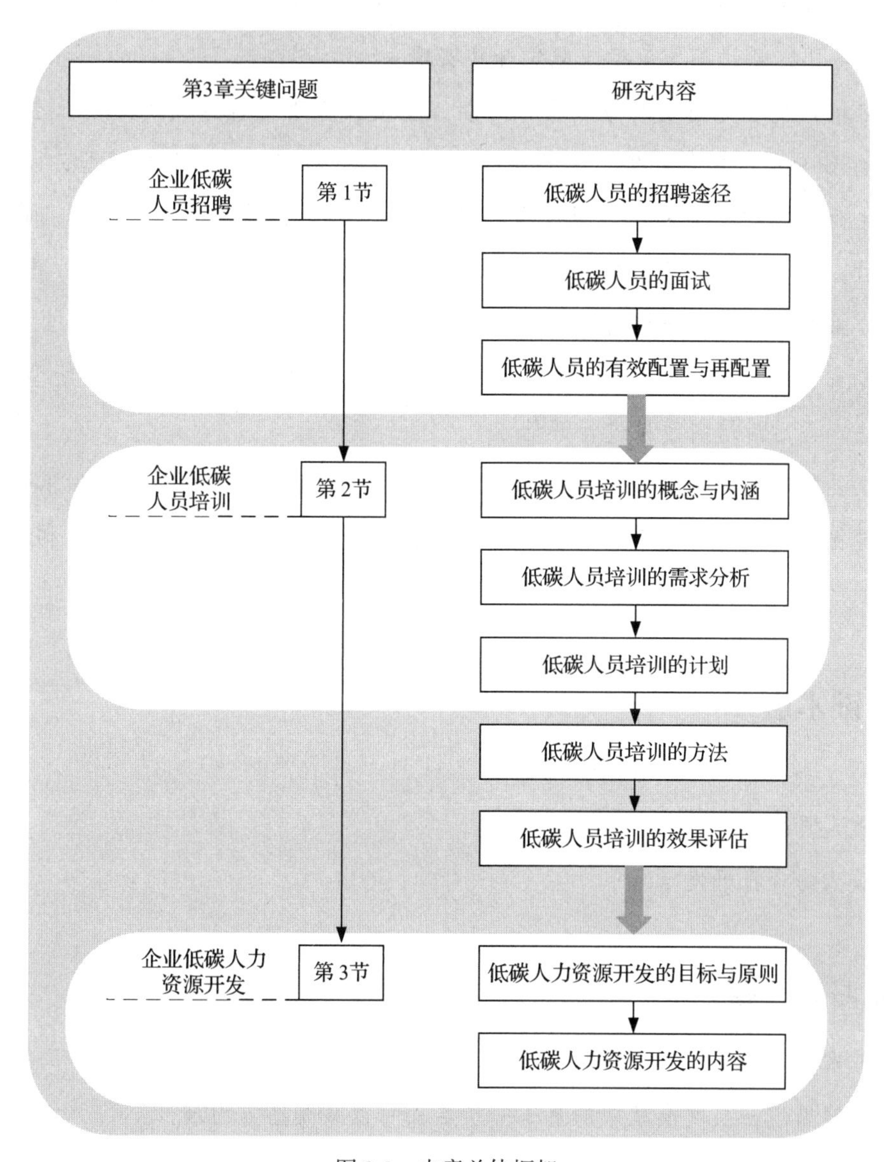

图3-2　本章总体框架

1. 低碳人员的招聘途径包括内部和外部，内部招聘方法包括内部筛选和重新雇用，外部招聘方法包括互联网招聘、高级管理人员代理招聘机构和校园招聘。

2. 低碳人员的面试分类基于标准化程度，可以分为结构化面试、半结构化面试和非结构化面试。基于企业进行面试的方式，可以分为一对一面试、小组面试和视频会议面试等。
3. 低碳人员的有效配置首先要遵循道德原则（公正、先公后私、尊重员工、诚信与信任），其次应遵循人员配置的基本原则（能级对应、优势定位、动态调节、内部为主）。如有需要，低碳人员的再配置可以在勒温场论和全脑模型理论的指导下，通过工作轮换或职位升降实现。
4. 在培训前首先应进行培训需求分析，主要模型理论包括戈德斯坦三层次模型（组织分析、任务分析、员工分析）、前瞻性低碳培训需求分析模型、以低碳文化为基础的培训需求分析模型和基于胜任力的培训需求分析模型。确定需求后，制订培训计划，对培训内容、时间、类型、规模、开展方式、费用进行详细规定。培训方法分为传统的课堂培训（讲座研讨、案例研究、自主学习、专家传授）和以远程学习、线上培训和智能化辅导系统为代表的新型培训方法。最后对培训效果进行评估。
5. 企业低碳人力资源开发的目标是实现企业与员工的双赢和构建新型低碳组织，遵循协同规划、经济性和科学性相统一、“引进来”和“走出去”、和谐发展、产学结合、以人为本六个原则。

关键术语

低碳人员招聘

低碳人员培训

低碳人力资源开发

复习思考题

1. 低碳人员的来源有哪些？
2. 戈德斯坦三层次模型中的员工分析层面可以从哪些方面展开？
3. 低碳人员培训需求分析的方法有哪些？
4. 低碳人力资源开发的原则是什么？

实践案例

低碳培训先行，助推低碳发展战略加快落地

2021年，中国宝武钢铁集团有限公司（以下简称“中国宝武”）在钢铁行业率先提出“力争2023年实现碳达峰、2050年实现碳中和”的碳减排目标。宝武党校、宝武管理学院积极响应，第一时间推出线下和线上的相关培训，支撑中国宝武减碳战略落地。通过与中国宝武碳中和办公室、集团能源环保部、科技创新部联合编写碳达峰、碳中和培训教材，在管理人员履职培训、党员和员工教育中开展宣贯培训活动，组织举办碳达峰、碳中和系列培训——企业绿色发展网上专题班等网络课程，并在各级各类管理人员和专业人员中开展专题研修，凝聚共识，不断将学习成果转化成行动，彰显中国宝武负责任的央企形象。

中国宝武数智学习中心第一时间整理时任公司党委书记、董事长的陈德荣在中国宝武党委一届五次全委（扩大）会暨2021年干部大会上宣布中国宝武碳减排目标的讲话视频，制作《中国宝武要打造成为绿色发展的示范》在线课程，以公开课的形式，向集团员工推送分享。通过外部寻源，寻找专家最新理论解读，于2021年1月底从国家行政学院引进国家应对气候变化战略研究和国际合作中心专家讲授的《碳中和三部曲 中国发展转型的机遇与挑战——中央经济工作会议精神解读》网络课程，受到学员广泛好评，短短几日学习人数就达到5 000余人。

聚焦“双碳”，专题培训精彩不断。宝武党校、宝武管理学院与集团人力资源部共同组织，来自各单位的2 000多人参加了中国钢铁协会举办的“钢铁行业碳达峰、碳交易系列培训——政策、案例及思考专题培训班”网络直播培训。通过专家授课和研讨交流，了解国内外碳政策及交易市场的情况，推动完善自身碳排放管理。集团能源环保部面向全国钢铁业同行介绍了中国宝武碳减排工作实践，获得高度好评。

宝武党校、宝武管理学院会同集团能源环保部共同组织开展“我国碳达峰目标、碳中和愿景及‘十四五’政策展望”直播讲座，邀请国家气候战略中心专家授课，进一步解析国家关于应对气候变化的新形势、新任务及相关政策要求。

宝武党校、宝武管理学院还与相关部门迅速策划出有影响力、有深度的“碳达峰、碳中和系列培训——企业绿色发展”网络培训课程，解读碳达峰、碳中和等绿色发展目标与政策法规，把握趋势、理解要义；分析绿色制造体系，掌握方法、促进转型；分享绿色工厂实践，博采众长、推动落地。

除了组织集团内部的培训研讨，宝武党校、宝武管理学院还与华谊集团共同合作，推出绿色发展专项培训。通过企业的实际案例和课题，以新发展理念为指引，以融合中国宝武及华谊集团绿色制造为目标，借鉴双方的成熟做法，探讨在低碳减排方面的合作，共同推进两大集团绿色发展。

中国宝武积极落实绿色发展重大战略，坚持培训先行，多管齐下普及碳达峰、碳中和知识，通过一步步扎实的培训举措，营造浓厚的绿色发展氛围，助推中国宝武各级管理者加强“双碳”的顶层设计，以“绿色发展”作为谋划各项工作的基本指向，推动“双碳”在中国宝武加快落地，进一步巩固引领行业绿色低碳发展的信心，为实现我国碳达峰、碳中和目标贡献中国宝武广大员工的智慧和力量。

资料来源：根据网络公开资料整理。

参考文献

1. 黄晔．论视频面试对候选人和面试官的影响及其在招聘实践中的启示 [J]. 科技视界，2020，(36)：100-103.

2. 任叁．“双碳”人才现缺口 “科班出身”在路上 [J]. 中国对外贸易，2023，(1)：71-73.

3. 康国华．低碳经济背景下的绿色人力资源管理 [J]. 今日财富，2022，(1)：139-141.

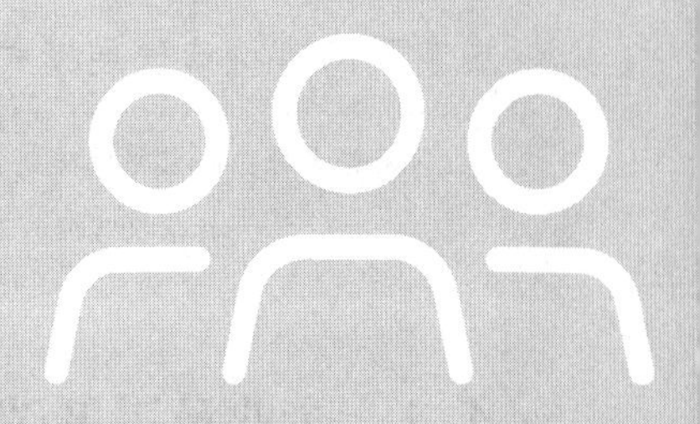

第4章
CHAPTER 4

企业员工低碳管理

引例

腾讯打造深圳首个碳普惠授权运营平台

为积极响应国家碳中和议题，在可持续社会价值创新战略指引下，腾讯联合深圳市生态环境局、深圳排放权交易所，历时十个月促成首个政府认可的公交/地铁碳减排量科学测算，打造深圳市首个碳普惠授权运营平台——“低碳星球”小程序。

2022年12月12日，“低碳星球”小程序首次完成了个人碳普惠核证减排量的交易。交易成功后，平台以地铁乘车券的形式将所得收益全部返还给用户。在过去的一年里，超过100万深圳市民通过“低碳星球”积累了碳积分，记录下了他们在公共交通出行上的减排成果。

“低碳星球”依托腾讯提供的技术平台，通过运用数字技术，使用权威的方法学，将用户的每一次碳减排行为量化，并转换成碳积分显示在用户的碳账户中，平台将用户的碳减排量汇集后，由相关部门核证、签发并交易，而交易所得金额会上线到积分商城，用户可以用自己的碳积分兑换权益，这样便形成了一个从个人低碳行为到碳普惠的完整闭环。从鉴别用户行为到核算碳减排量，再到碳普惠核证减排量交易，最后实现碳积分兑换，“低碳星球”探索出了一个从“人人可减碳”到“人人碳普惠”的可持续发展模式。

资料来源：新京报零碳研究院研究员，践行低碳：新京报零碳研究院揭晓2022年度绿色发展十大案例，新京报官网，2022年12月20日。

4.1 企业员工低碳绩效评估

4.1.1 企业员工低碳绩效评估基础

1. 企业低碳绩效与企业低碳绩效评估

（1）企业低碳绩效的概念。企业低碳绩效是指企业在追求其低碳发展战略的过程中，确立具体的低碳目标和指导原则，通过合理调配内外部资源，实施旨在避免高碳排放、减轻生态破坏、并促进企业内部形成低碳环保意识的各种行动和策略。这些努力的效果最终会通过一系列财务和非财务指标来评估，从而构成一个全面的低碳管理体系。

（2）企业低碳绩效的内涵。企业低碳绩效的内涵涵盖了企业在其运营中采取的一系列旨在降低碳排放的措施及其成果。这些措施包括但不限于采用低碳或零碳技术、实施节能措施或调整能源使用结构、进行碳项目的投资、参与碳交易市场、公开碳信息报告，以及建立和完善碳管理制度等方面的努力与成效。通过这些实践活动，企业不仅能够减少自身对环境的影响，还能够在推动可持续发展的进程中发挥积极作用。

（3）企业低碳绩效评估的概念。企业低碳绩效评估是企业绩效评估体系中的一个重要组成部分，专注于评估企业在低碳经济管理方面的表现。它主要考察企业是否实现了预先设定的低碳目标，并为管理层提供有关低碳战略执行效果的信息，以便于他们据此做出必要的战略调整和管理升级。这种评估不仅是对企业环境责任履行情况的衡量（即环境绩效评估），也涉及企业的财务状况分析（即财务绩效评估），是碳管理会计工作职责的核心内容之一。低碳绩效评估与企业的经济绩效、社会绩效、生态绩效紧密相连，共同构成了企业可持续发展的多维度评价体系。通过综合考量这些不同的绩效指标，企业管理层可以获得更加全面的视角，从而指导企业的长期发展方向，确保企业在追求经济效益的同时，也能积极承担减碳责任，实现企业和社会的可持续发展。

2. 企业员工低碳绩效和企业员工低碳绩效评估

（1）企业员工低碳绩效的概念。企业员工低碳绩效是员工在特定时间段内，通过其工作表现、成果和行为对组织低碳目标和任务所做出的贡献。它是衡量员工低碳工作效果的重要指标。

（2）企业员工低碳绩效评估的概念。企业员工低碳绩效评估是低碳人力资源管理中的一项重要活动，也是企业低碳管理在人力资源管理层面的一种体现，员工低碳绩效评估是一种评估员工在一定时期内有关低碳的工作表现的方法和手段，它是对员工在减少碳足迹、提高能源效率、促进企业低碳绩效、支持企业低碳战略等方面的工作表现、成果及潜力的多维度评估。

（3）企业员工低碳绩效评估的特点。企业员工低碳绩效评估具有多维性和动态性的特点。多维性是指评估过程中考虑的因素和指标是多方面的、多层次的。例如，评估不仅关注员工在减少碳排放和提高能效方面的直接成果，还综合考虑员工在知识、技能、行为、态度、创新等多个方面的表现。动态性是指评估过程不是一个静态的一次性活动，而是随着技术的进步和环境的变化，不断调整和完善的过程，从而确保评估结果的时效性和准确性。

3. 企业员工低碳绩效评估的作用

企业员工低碳绩效评估的作用主要包括：①提高员工的低碳和环保意识；②了解员工的低碳技能和低碳培训要求，根据评估结果提供相应的学习和发展机会；③为员工的低碳薪酬奖励决策提供依据；④助力企业低碳目标的实现，提高企业低碳绩效，提升企业社会形象。

4. 企业员工低碳绩效评估原则

企业员工低碳绩效评估主要包括以下五个原则。

（1）客观公平原则：减少个人主观因素对评估结果的影响。

（2）责任自律原则：考核责任人对评估结果承担责任，被考核人有权知道评估的依据和结果。

（3）时限性原则：绩效评估反映考核期内被考核人的综合状况，不涉及本考核期之前的行为。

（4）差别原则：评估结果应该等级分明，在评估应用方面体现差别，使评估具有激励性。

（5）反馈原则：绩效沟通是绩效评估能够不断循环实施的重要环节。

4.1.2 企业员工低碳绩效评估计划

1. 企业员工低碳绩效评估计划制订

（1）树立低碳管理目标。近年来，全球气候变暖趋势显著，碳排放成为世界各国关注的焦点。我国作为世界上最大的发展中国家，在全球气候治理中扮演着重要角色。为应对全球气候变化，我国提出了“双碳”的目标，并出台了一系列环保法规和政策。

工业低碳发展是应对全球气候变化的重要内容。经过多年的不懈努力，我国在工业低碳发展领域取得了显著且令人瞩目的成效，标志着我国工业发展模式的深刻变革。曾经，工业的快速发展伴随着碳排放量的高速增长，给环境带来了巨大压力。然而，面对全球气候变化的严峻挑战，我国政府和企业积极行动，通过一系列政策引导、技术创新和产业升级，成功扭转了工业碳排放量高速增长的局面，工业发展的可持续性得到了显著提升。从目前的现象来看，我国正处于新型城镇化与工业化进程之中，能源需求在相当长一段时间内都会呈上升的趋势。为了解决这一矛盾现象，我国必须加快技术创新的步伐，对产业结构进行优化，不断扩大森林碳汇。同时，要持续进行低碳意识的传播，提高民众的环保意识，巩固我国低碳经济发展模式。因此，对于企业而言，树立低碳管理目标至关重要。

从传统的企业员工绩效管理转变为新型的企业低碳员工绩效管理，企业需要做出一系列的努力和改变，但是在当前严峻的形势下，企业进行低碳员工绩效管理转型刻不容缓。因此，企业要尽快树立低碳管理目标，在企业的管理思想当中嵌入低碳思想和低碳理念。

（2）强调低碳系统流程优化。目前，大多数企业尚未建立健全的低碳管理制度，缺乏必要的规章制度和管理机构。此外，很多企业没有配备专门负责低碳管理的人员。低碳系统流程应当不断优化，尽量做到碳排放指标的实时精准监控，实现低碳闭环管理与其他管理系统的融合和协同。根据企业所在行业的特点和方向，制定不同的低碳系统流程，并持续优化和进步，补全现有低碳管理流程的漏洞和不足。

（3）坚持动态低碳绩效管理。“动态”是指在对企业进行低碳评价时，不仅要关注静态的碳排放指标，更要注重绩效的动态变化和持续优化。借助先进的技术手段，如物联网、大数据、人工智能等，实现碳排放数据的实时监测和精准分析。通过这些技术，企业可以及时了解自身的碳排放状况，发现潜在的减排机会，为制定针对性的减排措施提供科学依据。因此，低碳水平的动态考核指标设计应把握以下原则。

- 实物计量是基础。实物计量是指对碳排放量进行直接的、物理量的测量和记录，它反映了企业实际产生的碳排放情况，它强调在评价企业低碳水平时，重点考核去除货币资金价值后的碳排放量，而非仅依赖于货币计量下的会计指标。
- 可持续性是核心。有些企业通过引入低碳技术和设备能使其在低碳投资方面暂时达到硬件上的标准。然而，由于企业自身能力的局限或对低碳理念认识的不足，这些技术和设备在实际操作中并未得到有效应用，反而造成了资源的浪费和闲置，这与推动低碳经济的初衷不符。因此，在考核指标中应加入对资源浪费情况的考量，以促使企业更加珍惜资源，提高资源利用效率。
- 努力程度是关键。关注企业在低碳方面的努力程度强调不仅要关注最终的低碳成果，还要重视实现这些成果所付出的努力和过程。政府对企业的低碳激励应依据其推进低碳经济的努力程度来评定，这是低碳绩效考核的重点。动态绩效评价更加强调企业在减排过程中的实际行动和持续改进情况，而不仅仅关注最终的财务结果。

企业低碳水平的动态绩效指标设计包含低碳水平偏离指数、低碳水平的可持续性、低碳能动性，如表 4-1 所示。

表 4-1　企业低碳水平的动态绩效指标

指标名称	描述	计算公式
低碳水平偏离指数	衡量企业碳排放与行业标准或基准的偏离程度	低碳水平偏离指数 =（当年实际碳排放量 − 行业标准碳排放量）/ 行业标准碳排放量
低碳水平的可持续性	评估企业低碳经营是否具有长期性和稳定性	低碳水平的可持续性 = 当年减排量 / 上年碳排放量 =（当年二氧化碳排放量 − 上年二氧化碳排放量）/ 上年二氧化碳排放量 = 当年单位产品二氧化碳减排量 / 上年单位产品二氧化碳排放量
低碳能动性	反映企业推进低碳经济的主观积极性	低碳能动性 = 碳中和 / 碳足迹

2. 企业员工低碳绩效评估体系

一个好的企业低碳员工绩效评估体系设计应包含以下内容。

（1）评价周期：进行企业低碳员工绩效评估的周期根据企业需求决定，可以是一周、一个月、一个季度、一年等。

（2）评价内容：绩效计划、绩效辅导、绩效评价、绩效应用等。

（3）评价的量化和打分方法：统计结果量化方法、目标达成情况量化方法、频率量化方法等。

（4）评价的组织、职能：职权和知识相结合，集权和分权相结合，弹性结构。

（5）评价结果的运用对象和具体运用：相关部门和单位了解预算资金的使用效率和效果，并指导未来的预算分配和决策。

（6）评价过程中的公平机制：准备岗位说明书、考核制度可验证性、考核制度透明化。

（7）考核人的选取：在选取绩效考评的考核人时，应确保考核人掌握足够信息、了解工作内容，考核人的选择应有助于实现组织的管理目的。绩效评估相关者如图 4-1 所示。

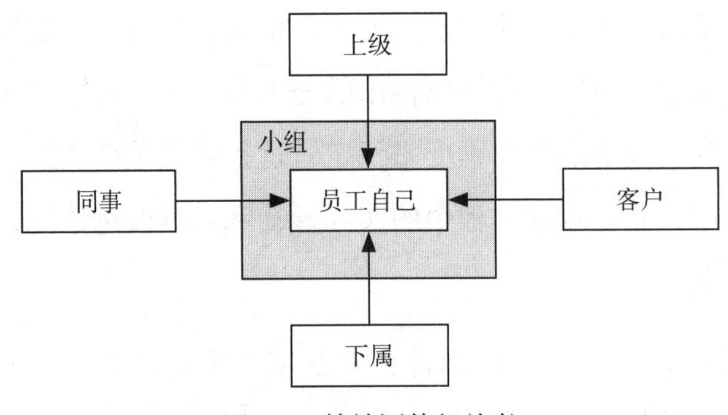

图 4-1 绩效评估相关者

4.1.3 企业员工低碳绩效的评估与反馈

1. 员工低碳绩效的特征

员工个人的低碳绩效具体来说是指员工在工作过程中，通过采取低碳行为、使用低碳技术、提升低碳意识等方法，所实现的节能减排效果及对企业低碳发展的贡献。员工个人的低碳绩效的特征主要体现在以下三个方面。

（1）多样性。员工个人的低碳绩效的表现形式多样，包括节能减排行为、低碳技术创新、资源循环利用、低碳文化传播等多个方面。不同岗位、不同职责的员工，其低碳绩效的侧重点和表现形式也会有所不同。

（2）主观性与客观性相结合。员工个人的低碳绩效既包含客观可量化的指标，如节能减排量、资源消耗量等，也包含主观难以量化的因素，如低碳意识、低碳行为习惯等。

（3）动态性。员工个人的低碳绩效是一个持续变化的过程。随着员工低碳意识的提升、低碳技术的更新迭代，员工个人的低碳绩效也会不断提高。企业需要建立有效的激励机制和反馈机制，鼓励员工持续提升低碳绩效。

2. 员工低碳绩效评估的主要程序

员工个人的低碳绩效评估目的是通过制定明确的低碳绩效目标、建立有效的评估机制、提供及时的反馈和激励措施，激发员工的低碳意识和行为，推动企业的低碳转型和可持续发展，主要程序如下。

（1）制定低碳绩效目标：企业需要根据自身的低碳发展战略和员工的岗位职责，制定明确的低碳绩效目标。这些目标应该具有可衡量性、可达成性和挑战性。

（2）建立评估机制：企业需要建立科学的评估机制，包括评估指标的选择、评估方法的确定、评估周期的安排等。评估机制应该能够全面、客观地反映员工的低碳绩效。

（3）实施评估：企业需要按照评估机制的要求，定期对员工的低碳绩效进行评估。评估过程中需要收集和分析相关数据，确保评估结果的准确性和客观性。

（4）提供反馈和激励：企业需要根据评估结果，及时为员工提供反馈和激励措施。对于表现优秀的员工，可以给予奖励和晋升机会；对于表现不佳的员工，需要指出问题所在并提供改进建议。

3. 员工低碳绩效评价的方法

（1）定量评价法：定量评价法是通过收集和分析员工在低碳方面的具体数据，如节能减排量、资源消耗量等，来评估员工的低碳绩效。这种方法具有客观性和可衡量性，能够直观地反映员工的低碳贡献。

（2）定性评价法：定性评价法是通过员工自评、同事互评、上级评价等方式，对员工在低碳方面的表现进行主观评价。这种方法能够反映员工在低碳意识、低碳行为习惯等方面的表现，但可能存在一定的主观性和不确定性。

（3）综合评价法：综合评价法是将定量评价法和定性评价法相结合，通过综合考虑员工的低碳贡献、低碳意识和低碳行为习惯等多个方面，来评估员工的低碳绩效。这种方法能够更全面、客观地反映员工的低碳绩效。

（4）关键绩效指标（KPI）法：关键绩效指标（KPI）法是通过设定与低碳相关的

关键绩效指标，如节能减排率、资源利用率等，来评估员工的低碳绩效。这种方法能够明确员工的低碳目标，便于企业跟踪和监控员工的低碳绩效。

4. 企业低碳评估者误差问题的处理

（1）常见的企业低碳评估者误差问题有：管理者对低碳绩效管理概念不明确，没有深入理解；企业缺乏完整、精确、科学的企业低碳评估体系；企业缺乏对应的低碳评估标准和依据。

（2）对常见的企业低碳评估者误差问题的处理主要有客观误差规避和主观误差规避。

1）客观误差规避。客观误差是指在绩效评价过程中，由于评价工具、标准、方法或流程等客观因素的不完善或不合理而产生的误差。在企业员工低碳绩效评估中，客观误差可能来源于评价指标的选择不当、评价标准的模糊性、评价方法的局限性以及评价流程的缺陷等。因此，在设计绩效考核标准时，要选择具体、量化、与企业低碳发展密切相关的指标，确保指标能够准确反映员工的低碳绩效，避免使用过于笼统或模糊的指标，以减少评价过程中的不确定性。此外，可以采用多种评价方法相结合的方式，如关键绩效指标（KPI）、360 度反馈、平衡计分卡等，以全面、准确地评价员工的低碳绩效。为了克服趋中现象和分布误差，可以实行员工绩效强制分布，即遵循“中间大、两头小”的正态分布规律，预先确定评价等级以及各等级人数在总数中所占的百分比，然后按照被考核者绩效的优劣程度将其依次列入等级表中。

2）主观误差规避。从主观角度来看，低碳绩效考核的偏差往往源于考核者的绩效管理水平有限或能力不足。针对这一情况，在明确部门绩效考核的具体问题后，需要采取针对性措施，以有效预防和解决考核中的误差。为科学避免主观误差，可以从以下两大方向着手进行改进。

第一，对考评人进行考前培训。考核开始前的绩效基础理念培训是保证绩效考核顺利实施不可缺少的环节。培训能够使考核者充分认识到绩效考核对企业、员工发展的意义，增加对绩效考核的重视程度，端正考核态度，这样才能严格执行考核标准，避免出现个人主观误差。

第二，考核者对所接收到的信息的理解存在局限性和偏见，这直接影响了绩效评估的精确度。为了有效避免这类偏差，管理者应当确保收集到充分详实的数据资料，注重日常绩效指标的持续追踪与记录，确保评估依据的是完整且客观的事实材料。

5. 企业员工低碳绩效反馈

（1）绩效反馈概念。绩效反馈（Performance Feedback）是绩效评估工作的最后一环，也是最关键的一环。绩效，简而言之，就是员工在特定时间内对企业目标贡献的程度，涵盖了业绩与效率两大方面。绩效反馈就像是对绩效管理流程的一次全面复盘与总结，旨在明确指出哪些方面有待提升与优化。

企业员工低碳绩效反馈是企业在对员工低碳绩效进行评估后，将评估结果及相关信息传递给员工，并与员工进行沟通交流的过程，其目的是帮助员工了解自己在低碳工作方面的表现，明确改进方向，以提升员工个人和企业整体的低碳绩效。

（2）低碳绩效反馈内容，主要有绩效结果反馈、优势与不足分析、改进建议与目标设定等内容。

①绩效结果反馈。向员工呈现其在节能减排量、资源利用率等可量化指标上的具体数据和达成情况。例如，告知员工其所在岗位本月的能源消耗量比上月降低了多少，或者在一定时期内，其负责的项目实现了多少吨的碳减排量等，让员工直观了解自己在实际低碳工作成果方面的表现。将员工在低碳意识、行为习惯、团队协作等方面的定性评价结果反馈给员工。如上级领导对其在低碳项目推进过程中的沟通协作能力、对低碳理念的贯彻执行态度等方面的评价，可能会指出员工在这些方面是表现积极、能够起到带头作用的，还是存在一些需要改进的地方。

②优势与不足分析。明确指出员工在低碳工作中的优点和取得的成绩，如员工提出了创新性的低碳工作方法，有效降低了部门的能源消耗，或者在推广低碳理念方面表现出色，积极组织并参与各类低碳宣传活动，提高了团队整体的低碳意识等，对员工的这些积极表现给予肯定和鼓励。客观地指出员工在低碳绩效方面存在的问题和不足之处。比如，员工可能在资源回收利用环节存在操作不规范的情况，导致部分可回收资源未得到有效利用，或者在执行低碳措施时不够严格，存在一些浪费能源的行为等，帮助员工认识到自己需要改进的地方。

③改进建议与目标设定。根据员工的具体情况，为员工提供针对性的改进建议和方法。例如，如果员工在能源节约方面做得不好，建议其加强对设备的合理使用和管理，制定详细的设备使用时间表，避免设备长时间空转；如果员工在低碳创新方面不足，可以建议其多参加相关的培训和学习活动，了解行业内的先进低碳技术和经验，拓宽思路。结合企业的整体低碳战略和员工的岗位职能，与员工共同制定下一阶段的低碳绩效目标。这些目标应该是具体的、可衡量的、可实现的、相关的

和有时限的（SMART 原则），比如要求员工在下个季度将所在区域的纸张使用量降低 20%，或者将某种能源的利用效率提高到一定比例等。

（3）低碳绩效反馈方式，主要有正式面谈、书面报告、团队会议等方式。

正式面谈：上级领导与员工进行一对一的面谈，这是一种比较正式和深入的反馈方式。在面谈过程中，双方可以充分交流，此过程通过正式渠道向员工反馈其工作中的亮点及待改进之处，以促进员工对自身表现有全面的理解。正式面谈的目标在于通过这样的反馈机制，激励员工在接下来的考核周期中提升表现，从而实现整体绩效的优化。作为绩效管理体系的一部分，正式面谈还承担着监督和指导的作用，有助于及时发现并纠正问题。

书面报告：通过书面报告的形式将绩效反馈内容呈现给员工，如绩效评估报告、反馈信函等。书面报告内容应详细、准确，可作为员工留存和查阅的资料，方便员工随时回顾自己的绩效情况和改进要求。

团队会议：在团队会议上进行集中反馈，既可以对团队整体的低碳绩效进行总结和分析，也可以对表现突出的员工进行表扬，对存在问题的方面提出改进要求，这种方式能够营造团队氛围，促进员工之间的相互学习和竞争。

（4）低碳绩效反馈作用。首先，企业员工低碳绩效反馈可以帮助员工了解自己在低碳工作中的表现，明确自身的优势和不足，从而有针对性地进行学习和改进，提升自己的低碳工作能力和专业素养，促进个人职业发展。其次，通过员工低碳绩效反馈，员工能够更好地理解企业的低碳目标和要求，调整自己的工作行为和方式，与企业的整体战略保持一致，从而提高企业整体的低碳绩效，推动企业可持续发展。最后，绩效反馈过程是企业与员工之间的重要沟通渠道，能够增进双方的理解和信任，营造良好的工作氛围，提高员工的工作满意度和忠诚度。

4.2 企业员工低碳激励

4.2.1 员工低碳激励的概念

1. 激励的概念

激励可以被定义为一种刺激或鼓励人们行动的力量，目的是达到某种目标或结果。激励是调动个体积极性的过程。在组织管理中，激励通常是用来诱发员工动机和引导员工行为与组织目标一致的一种手段。

2. 员工低碳激励的概念

员工低碳激励是指通过影响员工的内在需求和动机，从而加强、引导和维持员工低碳行为的活动或过程。员工低碳激励旨在鼓励和奖励员工采取低碳行为和实践，以减少其对环境的负面影响。这种激励措施旨在提高员工对低碳意识和行为的认同，并促使员工积极参与和支持组织的低碳目标与倡议。

4.2.2　激励理论

1. 行为基础理论

（1）需求层次理论。该理论将人类需求从低到高分为不同的层次，并认为这些需求是人类行为的内在驱动力。该理论认为，人类的需求可以被分为五个层次，具体如下。

- 生理需求：满足人类最基本的生存条件的需求，如衣、食、住、行等。如果这些需求得不到满足，人们将无法生存。
- 安全需求：当生理需求得到满足后，人们会开始寻求安全需求。安全需求分为两类：现在的安全需求和未来的安全需求。现在的安全需求涵盖社会生活的多个层面，如确保就业稳定、劳动环境的安全及个人的人身安全等。相比之下，未来的安全需求则更侧重于对未来生活的全面保障，这包括维护身体健康、财产安全、长期就业的稳定性、全面的健康保障以及社会的稳定。
- 社交需求：社交需求是指人们开始追求社交联系和归属感，希望获得别人的接纳、友情、爱情，希望得到别人的认同和接受的需求。
- 尊重需求：人们希望保持自尊并受到他人的尊重。这包括自尊心、自信心、成就感、荣誉和尊重的需求。
- 自我实现需求：这是最高层次的需求，人们追求个人的成长，希望实现自己的理想或抱负，希望成为自己所期望的人。这包括实现个人潜能、追求个人目标、追求创造力和自我满足的需求。

该理论提出，人们只有在满足个体较低层次的需求后，才会追求更高层次的需求。五种需求的等级顺序不是固定不变的，可能受到环境的影响，存在着等级倒置的现象。人在不同的发展时期，感受到的最强烈的需求类型是不同的，最强烈的需求发挥主导作用。

（2）双因素理论。赫茨伯格的双因素理论认为，保健和激励这两种因素能够显著影响员工满意度。

- 保健因素：这些因素与工作环境和条件相关，包括企业的规章制度与管理方式、上级监督、工资、人际关系和工作条件等。当这些因素不足或存在问题时，员工会感到不满意，但当这些因素得到满足时，最多只能消除员工的不满情绪，而不能真正激发其工作动力。
- 激励因素：这些因素与工作本身和内容相关，包括成就感、赞赏、发展机会等。当这些因素被满足时，员工会感到工作有意义和价值，从而提高工作动力和满意度。

赫茨伯格认为，通过改善和提升保健因素可以消除员工的不满情绪，但并不能使员工感到满意；而通过改善和增强激励因素可以激发员工的内在动机，提高工作动力和满意度。

2. 过程激励理论

（1）期望理论。期望理论是美国心理学家维克托·弗鲁姆在 1964 年提出的一种激励理论。该理论认为，激励作用的大小受到人们工作动机的强弱和实现动机的信心强弱的影响，人们从事任何工作行为的激励程度都取决于经其努力后取得的成果的价值以及他对实现目标的可能性的估计。用公式可表示为

$$\text{激励力}(M)=\text{效价}(V)\times\text{期望值}(E)$$

其中，激励力是指一个人受激励的程度；效价是人们对某一预期成果或目标的重视程度或偏好程度，反映了人们工作动机的强弱，其取值范围为从 −1 到 1，结果对个人越是重要，其效价值越接近于 1，结果对个人无关紧要，其效价值就接近于 0，个人越不希望发生或尽力避免的结果，其效价值越接近于 −1；期望值是个体对通过特定行为达到预期目标可能性的概率判断，反映了人们实现动机的信心强弱，其取值范围为从 0 到 1。

期望理论强调了员工的主观感受和期望对于工作动机的重要性，认为员工会根据自己的期望、努力和奖励价值来决定是否投入工作。因此，组织应该通过设计激励机制、设定清晰的目标和提供合适的奖励，来增强员工的期望，提高其工作表现，

激发其工作动机，从而实现个人与组织的协同发展。

（2）公平理论。公平理论是美国心理学家亚当·阿德勒在 20 世纪 60 年代提出的一种激励理论。该理论认为，员工会根据自己的投入与产出来评判工作环境中的公平程度，并根据这种感觉来调整自己的工作积极性。人们会通过横向比较和纵向比较来判断自己所获报酬的公平性。公式为（O/I）$_A$ 与（O/I）$_B$，具体如表 4-2 所示。其中，O 代表报酬，包括物质层面和精神层面的所得；I 代表投入，包括教育、时间、努力程度等；A 代表当事人；B 代表参照对象。

表 4-2　公平理论的公式

类型	公式	描述
横向比较（社会比较）：员工将自己和他人比较	$(O/I)_A=(O/I)_B$	员工感觉报酬公平，继续保持工作积极性和工作投入
	$(O/I)_A<(O/I)_B$	员工感觉报酬不公平，要求增加收入或减少努力程度
	$(O/I)_A>(O/I)_B$	员工不会因此产生不公平感，但不会主动要求降低报酬，会开始增加工作投入；随着时间推移，他们可能会高估自己所付出的投入，进而觉得理应获得更高的报酬；这种心理变化可能导致他们的工作产出最终回到最初的水平
纵向比较（历史比较）：当事人与过去的自己比较	$(O/I)_A=(O/I)_B$	员工感觉报酬公平，继续保持工作积极性和工作投入
	$(O/I)_A<(O/I)_B$	员工感觉很不公平，工作积极性会下降
	$(O/I)_A>(O/I)_B$	员工感觉是自己能力和经验的提高而带来的报酬的提高，其工作积极性不会提高多少

公平理论强调了员工对于工作环境中公平性的关注，组织应该注意维护工作环境的公平性，确保员工的投入和产出保持适当的平衡，避免不公平感的产生，从而提高员工的满意度、工作表现和组织凝聚力。

3. 强化理论

强化理论是美国心理学家斯金纳提出的。该理论认为，个体的行为是其所获刺激的函数。若某种刺激对其有利，那么这种行为在未来就会重复出现；若对其不利，那么这种行为就会减弱直至消失。基于强化的不同目的，强化方法可分为以下两种类型。

（1）正强化：通过给予令人愉快的刺激或奖励来增加某种行为发生频率的方法。在管理中，正强化会刺激或奖励与组织目标相一致的行为，促使这些行为在未来更频繁地发生。这种奖励不仅包括物质形式，如奖金，还包括精神层面的激励，比如赞扬、职位晋升以及改善工作环境等。为了确保正强化能够达到预期效果，其实施方式需要遵循一定的科学原则。例如，正强化应保持间断性、时间和数量都不固定，避免形成可预测的模式，这样可以更有效地激发员工的积极性和创造力，同时防止奖励效果的减弱。

（2）负强化：通过消除或减弱令人不愉快的刺激来增加某种行为发生频率的方法。在管理中，负强化会惩罚与组织目标不符的行为，促使这些行为的减少。这类惩罚措施可以是减少奖金、罚款、口头或书面批评、降职等形式。为了有效实施负强化，建议采取连续一致的方式，即每当出现不符合组织目标的行为时，都应立即给予相应的处罚。这样做可以打消员工的侥幸心理，降低甚至杜绝不良行为的再次发生，为组织创造一个更加积极健康的工作环境。

强化理论强调了奖励和惩罚对于行为的塑造和维持的重要性，认为通过有效的强化可以增加期望行为的频率，而通过惩罚可以减少非期望行为的发生。组织可以利用强化理论来设计激励机制、培训计划和绩效管理制度，以帮助员工养成良好的工作习惯和行为，从而提高其工作绩效和组织效率。

4.2.3 员工低碳激励措施

1. 传统的激励方法

（1）目标激励：在企业中全面推行目标管理，围绕企业总目标来制定员工个人的工作目标和绩效指标，增强员工实现组织目标的责任感和积极性，激励员工积极参与工作。

（2）支持性激励：提供员工所需的支持和资源，包括培训、技术支持、设备配备等，帮助他们顺利完成工作任务，提高工作效率和质量。

（3）榜样激励：表彰和奖励那些在工作中表现突出、成绩优秀的员工，让其他员工以其为榜样，激励员工积极学习和进步。

（4）评比、竞争、竞赛激励：在组织中开展必要的评比、竞争和竞赛，通过个人或团队之间的比较和竞争来激励员工提高绩效，从而推动整体业绩的提升。

（5）强化激励：采用正强化激励措施，如奖励、认可、晋升等，鼓励员工积极表现，并营造良好的工作氛围；同时辅以批评、惩罚等负强化措施来减少员工的不良行为。

（6）领导行为激励：领导者的行为和态度对员工的激励效果至关重要，领导者对下属有巨大的影响力，下属会追随、模仿领导行为，良好的领导行为可以激励员工产生更强的工作动机。

（7）薪酬激励：薪酬是一种重要的外部激励手段，可以通过提供具有竞争力的工资、奖金、股票期权等方式来激励员工。薪酬激励应该与员工的绩效挂钩，以确保公平和激励的有效性。

（8）员工持股激励：通过员工持股计划，让员工共享企业的发展成果和价值增长，增强员工的归属感，激励他们为企业的长远发展贡献力量。

（9）企业文化激励：营造积极向上的企业文化氛围，强调价值观念和行为准则，激励员工认同企业文化，从而提升组织内部的凝聚力，增强团队合作精神。

2. 员工低碳激励方法

（1）政府激励政策。国家要尽快出台相应的管理办法，统一碳账户核算标准，规范评价和应用规则，并加强对碳排放数据的科学性和真实性的验证。同时，政府要建立多元化、持续性的政策性激励机制，例如，政府可以考虑将碳减排量与个人所得税税前抵扣、公积金贷款利率等联系起来，激发员工的持续参与。此外，可以建立绿色出行补贴，为选择骑自行车、步行、乘坐公共交通等绿色出行方式的员工提供一定程度的交通补贴或者鼓励措施，以减少员工驾车出行对环境造成的影响。

（2）企业真诚的碳中和行为。企业要积极推行碳中和行为，承担社会责任。研究表明，企业真诚的碳中和行为会促进员工的绿色行为，企业成功的碳中和成效也会增强员工的工作动机。若企业虚伪地推行碳中和行为，如企业“漂绿”行为，会导致员工对企业产生负面的态度和行为，进而降低自身的社会责任、亲环境行为，甚至增加离职倾向。

（3）领导激励作用。领导者的言行举止和领导风格会影响员工的低碳行为，员工会追随、模仿和学习上级领导的行为。因此，领导者可以发挥带头模范作用，以身作则，积极参与和践行低碳行动。此外，管理者可以设立低碳绩效考核指标，将低碳行为纳入员工的绩效评估中，通过绩效奖金或晋升来激励员工；针对研发人员，可以设立低碳创新奖励机制，激励他们提出低碳技术和方案，并给予相应的专利奖励或项目资助。

（4）员工培训与低碳行动。开展关于环保和低碳工作的培训与教育活动，增强员工的环保意识，激励他们采取积极的环保行动。推广绿色办公理念，鼓励员工节约用纸、减少打印、节约能源等绿色办公行为，营造绿色低碳的工作氛围。

4.3 企业低碳员工薪酬管理

在当前碳约束日益严格的背景下，碳排放权因其稀缺性而具备了市场价格。对于重点排放企业而言，有效的碳资产管理策略不仅能通过碳配额交易、CCER（中国核证自愿减排量）项目收益以及能源成本节约等方式直接提升企业的经济效益，还能显著减少温室气体排放，推动企业的可持续发展，满足市场对绿色产品的需求，增强企业的品牌形象和社会认可度。反之，若管理不善，则可能导致碳资产的无谓流失，运营成本上升，市场竞争力下降，进而阻碍企业的长远发展。当前，碳市场已成为投资机构竞相角逐的新战场，各类碳金融产品和工具不断涌现，为市场增添了新的活力与机遇。在这一背景下，培育一批精通碳市场政策、碳排放核算核查技术以及市场交易规则的碳排放管理人才，对于控排主体实现碳资产的有效管理与增值至关重要，同时也可以为投资机构在碳市场中的参与提供有力支持。企业如何规划低碳员工的薪酬管理，将成为决定其能否吸引并留住低碳人才的关键因素。

4.3.1 制订战略性薪酬计划

战略性薪酬计划是指一套能够帮助低碳企业获得实现战略目标所需的低碳员工技能和行为的总报酬包。

1. 确定低碳员工薪酬水平的基本要素

低碳员工薪酬水平是低碳企业薪酬体系的重要组成部分和薪酬战略要素之一，是指企业支付给不同低碳职位的平均薪酬。低碳员工薪酬水平体现了低碳企业在外部市场中的薪酬竞争力。这对低碳人才的吸引有着重要影响。

低碳员工薪酬水平通常由内部和外部两方面因素决定。内部因素包括企业的碳资产管理能力、薪酬管理制度、低碳工作价值、低碳员工的利润贡献率等。外部因素主要有低碳劳动力市场信息、地区平均薪酬水平等。

低碳员工薪酬水平由诸多因素综合决定，这些影响因素大致可以分为三类。

（1）宏观环境因素。碳交易市场的发展让碳排放权显现出“真金白银”的模样，企业对于碳管理相关的人才需求与现有人才的结构组成之间有一个不小的需求缺口。同时，由“双碳”治理工程衍生出的碳税管理，由碳交易衍生出的资产管理，由碳金融衍生出的碳债券管理等工作，都加剧了不同行业对碳管理人才的抢夺，碳管理人才市场或将出现一个真空期。由于碳管理人才市场人才紧缺，且“双碳”时代大部分企业要求向低碳转型，企业对碳资产管理人才的需求不断提高，故低碳员工薪酬水平相对较高。

（2）微观环境因素，主要有以下三个方面。

- 企业所属的行业类别：我国正在加速推进全面统一碳市场，于 2021 年 7 月 16 日正式在发电行业率先启动碳排放交易，“十四五”期间，石油化工、钢铁、造纸和航空等高排放行业也陆续被纳入全国碳市场。如果企业暂时还不需要高要求的碳资产管理，低碳员工所从事的主要是简单的体力劳动，那么企业为了节省成本，一般会把低碳员工的薪酬设置得较低；如果企业对碳排放交易的要求较高，那么企业所需要的大多是具有较高的知识技能、从事脑力劳动多于体力劳动的低碳员工，而这些低碳员工在劳动力市场上是相对不易得到的，所以企业为了吸引优秀人才的加入以及激发这些人才的工作积极性，大多会支付较高的薪酬。
- 企业的经营状况：企业的经营状况直接决定了企业的薪酬支付能力。如果一个企业的经营状况较佳，可以获得稳定的乃至持续增长的经济收益，那么低碳员工薪酬水平便可能较高。而如果企业经营状况不佳，即使企业有支付高薪酬的意愿，也只是心有余而力不足。
- 企业所处的生命周期：企业通常会经历创业、高速增长、成熟平稳、衰退和再造五个时期。每个时期的企业资源状况和外部竞争环境都有不同特点，这些特点为企业选择适合内外部状况的薪酬水平策略提供了基础。例如，在创业初期，企业可能更依赖于非现金激励；而在高速增长期，则可能提供更高水平的薪酬以吸引人才；成熟平稳期的企业可能会更加重视绩效相关奖励；衰退期则可能需要调整薪酬策略以降低成本；到了企业再造阶段，薪酬体系可能会被重新设计，以促进创新和变革。

（3）个人内在因素，主要包括低碳岗位责任大小和低碳员工的工作能力两个方面。

- 低碳岗位责任大小：碳排放管理员这个新职业将在碳排放管理、交易等活动中发挥积极作用，其工作内容包括监测企事业单位碳排放现状，统计核算企事业单位碳排放数据，购买、出售、抵押企事业单位碳排放权等。不同碳排放管理的低碳岗位，会有不同的压力和责任。岗位越位于低碳组织结构的上端，承担的责任越大，任职者的薪酬也越高。

- 低碳员工的工作能力：碳排放管理是一个技术性、综合性较强的工作，需要掌握相关碳排放技术。低碳员工的薪酬水平一般取决于员工个人的工作能力和表现。低碳员工工作能力强、工作表现好，就可能获得较高的薪酬和绩效奖金。

2. 为低碳员工制订具有市场竞争力的薪酬计划

企业低碳员工薪酬计划的设计过程较为复杂，包含从企业总体低碳发展战略分析、企业低碳员工薪酬战略分析到具体的低碳工作分析、低碳薪酬管理等活动，整个过程庞大且复杂。企业制订低碳员工薪酬计划的过程分为以下几步。

第一，进行低碳市场薪酬分析。这一步需要收集与企业发展状况相近的、从事同一行业或近似行业企业的薪酬资料以及本地区平均薪酬水平，根据收集的资料，明确企业在该行业和该地区所处的薪酬地位，是处于领先、平均还是滞后水平。

第二，进行低碳职位价值评定。这一步要结合之前职位分析活动编写的职位工作说明书以及组织架构图，依据各个职位本身内在价值的高低，对各个职位进行排列或分类。

第三，确定低碳员工薪酬级别。依据上一步得出的职位排列或职位分类，确定职位的薪酬级别，也就是确定将企业的低碳员工薪酬分为几个级别。

第四，制作低碳员工薪酬曲线。薪酬曲线可以清晰完整地描绘企业不同层级低碳职位的薪酬状况，便于企业进行薪酬诊断和设计。

第五，确定低碳员工薪酬区间。根据企业实际的有效支付能力、当年的薪酬管理制度、低碳员工的利润贡献率等因素，设定每个薪酬级别的薪酬区间，其中包括该低碳职位级别的最大、最小薪酬值和均值。

低碳员工薪酬管理是企业低碳人力资源管理的重要组成部分，它涉及对低碳员工经济性报酬（如工资、奖金、福利等）的支付标准、发放水平、构成比例，以及具体实施方式和方法进行规划、确定、分配和调整的全过程。这一过程旨在确保企业薪酬体系既能吸引和留住低碳领域的专业人才，又能与企业的整体发展战略、财务状况及市场环境相匹配。企业薪酬管理是人力资源管理的关键组成部分，它不仅要支撑企业的人力资源总体战略，还需要针对企业不同发展阶段的具体目标，精心设计和实施适当的薪酬计划，该计划能调和薪酬体系内各要素间的关系，确保它们相互支持。在进行低碳员工薪酬管理时，企业能够通过这一计划积极调整内部劳动关系，维持并巩固低碳员工团队的稳定性，同时提升员工的专业技能，激发他们的工作热情、主动性和创新精神，从而为企业带来更佳的业绩表现。

3. 企业低碳管理类职位和专业类职位评价

企业低碳管理的主要业务是以实现企业碳中和为核心，从企业碳排放摸底（碳盘查、碳足迹）开始，制定企业短、中、长期规划，搭建相应的管理体系以及内外部沟通渠道，最终实现企业碳中和及持续减碳。碳市场以碳资产开发为起点，逐渐延伸至其他类型环境资源开发、其他碳市场参与、碳交易、碳金融等相关业务。

掌握碳排放核算核查技术和碳市场交易规则的碳排放管理人才，对企业实现资产高效管理有着巨大的现实意义。为低碳管理类职位和专业类职位（如碳排放管理员、碳排放监测员、碳排放核算员、碳排放核查员、碳排放交易员）制订薪酬计划在很多方面与制订普通低碳员工的薪酬计划是类似的。它们的基本目的都是一样的：吸引、激励和留住优秀低碳员工。职位评价对企业低碳管理类职位和专业类职位同样适用。

（1）低碳管理人员薪酬的决定因素。

高层低碳管理类职位：据研究发现，低碳职位的复杂程度（低碳管理控制幅度、直接负责的低碳职能部门的数量、低碳管理层级）、企业的支付能力（投资回报率和利润总额）、低碳高层管理人员的人力资本状况（受教育程度、碳学习领域、低碳行为意识以及工作经验）这三方面的因素能够说明低碳高层管理人员薪酬差异中 2/3 的部分；政府的严格监督以及股东的激进态度会使企业严格地限制支付给低碳高层管理人员的薪酬。

对低碳管理类职位的评价：企业使用职位评价法来确定低碳管理类职位（位于高层低碳管理类职位之下）的薪酬。基本做法是将所有高层管理职位以及中层管理职位划分为一系列等级，然后为每一个等级设计一个相对应的薪酬区间。

（2）低碳高层管理人员的薪酬决定。

企业低碳高层管理人员的薪酬通常包括以下四个主要组成部分。

- 基本薪酬，包括固定薪酬，通常还包括部分有保证的奖金。
- 短期奖励，通常是针对短期目标达成（比如企业碳排放的减少率）而支付的现金奖励或股票奖励。
- 长期奖励，其目的是鼓励企业低碳高层管理人员采取有利于提高企业碳资产管理效率的行动。

- 福利和特权，可能包括低碳高层管理人员的补充退休计划、保险等。

与其他低碳员工的薪酬计划相比，低碳高层管理人员的薪酬更多地强调绩效奖励，这是因为与那些处于基层的员工相比，碳资产的经营结果更为直接地显示了低碳高层管理人员对组织所做的贡献大小。

（3）专业类低碳员工的薪酬决定。

企业在决定专业类低碳人员的薪酬时，对低碳专业人员主要职责的要求是“完成那些需要低碳管理的工作”。碳排放工程师等专业类员工的薪酬比较特殊，这类带有分析性质的低碳职位往往更加强调创造性和解决问题的能力，而这些报酬要素不容易加以比较和衡量。专业类低碳员工及其工作特点是：对专业和技术的认同度高；对自己在低碳外部市场上的价值非常关心；企业难以监控其碳管理工作过程，只能评价其工作结果；确定专业技术水平有难度；工作业绩不易衡量；工作时间无法估算；工作压力大；市场价格高等。

与此特点相适应的薪酬方案设计需要注意以下几点：决定本组织专业类低碳员工薪酬水平时要参考市场薪酬水平；此类低碳员工所受的正规低碳教育和训练水平；工作经验年限和实际工作能力；从事的低碳职位等级等，有时对外部竞争性的考虑要大于内部公平性。基本薪酬与绩效加薪主要取决于其掌握低碳管理知识与技能的广度和深度及运用知识与技能的熟练程度。奖励主要取决于低碳研发成果，对于能产生较多碳资产的研发人员和团队，一般给予一次性奖励或分享一部分利润。福利要进行个性化安排，并给予充分选择的自由。

企业对专业类低碳职位也可以采用职位评价的方法。这时所采用的报酬要素往往趋向于解决企业碳排放问题和碳资产管理的能力、创造性、工作的范围、技术问题和检验要求等。在确定低碳专业员工的薪酬水平时，大多数企业采用市场定价法，即根据市场状况首先确定一个自己能够承受的最优薪酬水平，同时确定标杆职位的价值，然后再把这些标杆职位以及其他专业类职位插入某个薪酬结构。

4.3.2 企业低碳绩效薪酬和经济性奖励

在任何薪酬计划中，绩效奖励计划都是一个非常重要的组成部分。本节的主要目的是说明低碳企业管理人员应该如何利用基于绩效的奖励计划来激励低碳员工。

在企业低碳绩效薪酬和经济性奖励中，绩效薪酬计划是基于员工个人或团队工作绩效的薪酬制度，它通常与员工的绩效评估结果挂钩，用于奖励那些在工作中表现出色、达成或超越目标绩效的员工。经济性奖励是针对低碳员工在超出本职劳动或展现卓越劳动绩效时所提供的额外报酬，是组织为了增强员工的工作积极性和忠诚度而支付的货币形式的奖励。

低碳绩效薪酬与经济性奖励计划旨在解决薪酬的动态激励性问题，如图 4-2 所示。

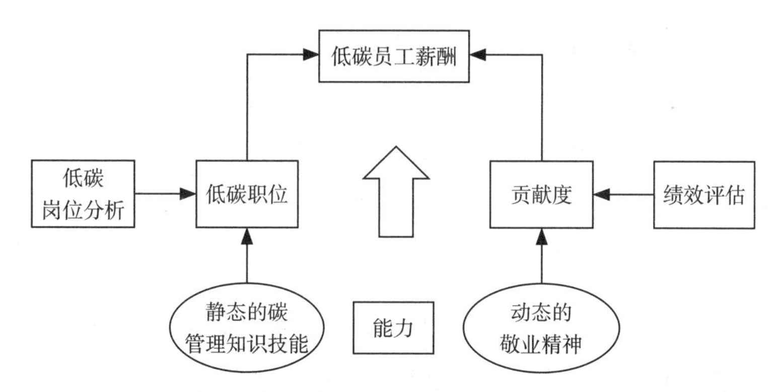

图 4-2　企业低碳绩效薪酬与经济性奖励计划的动态激励示意

按激励时间和激励对象划分的绩效薪酬和经济性奖励类别如表 4-3 所示。

表 4-3　企业低碳个体和群体激励计划比较

激励计划	低碳个体激励计划	低碳群体激励计划
短期激励计划	效率工资，绩效加薪，绩效奖金，特殊绩效薪酬	收益分享，利润分享等
长期激励计划	股票所有权等	低碳员工股票所有权

1. 针对低碳员工个人的奖励和认可计划

（1）计件工资计划：根据生产的合格产品数量或完成的工作量，结合事先设定的计件单价来计算报酬的工资制度。不同于传统的按工作时间长短来决定薪酬的计时工资制，计件工资制实际上是以工作成果为导向的，间接反映了劳动时间的价值。在这种制度下，员工的收入直接与个人的工作效率和产出挂钩，即按照既定的产量标准和计件单价来支付工资。

计件工资制仍然是目前最广泛运用的奖励计划。在低碳人力资源管理中，低碳员工的劳动报酬是与碳资产管理直接联系在一起的，低碳员工按自己贡献的每一个单位的碳资产获得报酬。

（2）绩效加薪：根据员工的低碳绩效评估结果，对其基本工资进行永久性增加。

绩效加薪与奖金的不同之处在于，绩效加薪是基本工资的永久性增加，一旦实施，就会成为员工未来薪酬的基准，而奖金则是一次性发放的。

绩效加薪计划的变通方式非常流行，主要有两种。一种是以一次性奖金的方式将绩效加薪的钱发给员工，并且这部分绩效加薪不会成为员工固定薪酬的组成部分。另一种绩效加薪计划的变通方式是将绩效奖励与个人绩效和组织绩效联系起来。

绩效奖励的主要形式包括年度奖金和月 / 季度奖金。

- 年度奖金（年终奖）是在年底一次性支付给员工的绩效奖励。这是在我国企业较普遍运用的一种现金奖励形式。
- 月 / 季度奖金，与年度奖金的原理一致，但有其特点：其一，与基本薪酬的联系较为紧密；其二，具有更强的及时性（及时奖励部门或员工绩效）和灵活性（调节奖金数量，控制人工成本）。

（3）非经济性奖励和基于认可的报酬：企业会用各种非经济性奖励（如减碳表彰）和基于认可的报酬来对经济性奖励加以补充。认可计划就是非经济性奖励计划的一种，无论是单独采用认可计划，还是将其与经济性奖励结合使用都会对员工的低碳行为产生积极影响。

2. 针对企业低碳中高层管理人员的奖励计划

由于低碳中高层管理人员在影响部门和企业的碳资产方面发挥着重要的决定性作用，因此大多数企业都会认真思考应当如何支付碳管理人员的报酬。除了固定薪酬，大多数管理人员还会得到短期奖励和长期的激励性报酬。

（1）低碳中高层管理人员的长期奖励计划及总报酬包。长期奖励计划对企业碳资产管理战略的成功实施所产生的影响可能比其他任何人力资源管理实践都更为深远、显著。因此，运用多种基于战略的绩效标准来奖励低碳中高层管理人员是最佳选择。这类绩效标准包括碳资产管理绩效、达成的战略目标数量、低碳员工碳管理率指标、工作满意度调查以及低碳员工士气调查等。归根结底，低碳中高层管理人员的薪酬包应该与实现企业的战略目标紧密联系。

（2）短期奖励与年终奖。很多企业都正在摒弃长期奖励，转而把奖励更多地放在短期绩效和奖励上，多数企业都有低碳短期奖励和年终奖计划，其目的是激励企业的低碳中高层管理人员达成短期绩效目标。在实施短期奖励和年终奖计划时，通常有三方面的问题需要考虑：奖金获得资格、奖金规模以及个人奖励。

- 奖金获得资格。企业首先要确定员工获得短期奖励所需要达到的资格要求。对于年终奖计划，大多数企业在确定获得年终奖的条件时，会考虑多种因素，越来越多的企业正在向员工提供更加广泛的“低碳中高层管理人员和其他低碳员工都能参与”的年终奖计划。
- 奖金规模。企业必须决定年终奖的总金额是多少，大多数企业采用的是目标总和法。具体来说，企业会估计出每名符合资格条件要求的低碳员工可能获得的奖金金额，然后将这些金额加总，最后得出企业的奖金总规模。
- 个人奖励。企业必须找到一种方式来确定个人实际应当获得的奖励。通行的做法是，针对每一个有资格享受年终奖的职位确定一个目标奖金（以及年终奖的最高金额），员工个人实际获得的年终奖数额取决于员工的个人绩效。

（3）战略性长期奖励计划。企业运用长期奖励计划的目的在于，促使低碳中高层管理人员在做决策时更加注重企业的长期利益。像股票期权等长期奖励在设计得当的情况下，应该是只有在企业实现了战略目标（如碳排放总额下降）的前提下才能兑现，这样才能保证企业所有者和投资者都从低碳中高层管理人员的努力中获益。

3. 针对低碳团队和组织低碳绩效的奖励计划

以上已介绍了低碳员工个人的奖励计划，如计件工资制和低碳中高层管理人员的奖励。下面介绍针对低碳团队以及组织中全体员工的奖励计划。

（1）利润分享计划：低碳员工根据其低碳相关工作绩效而获得利润的企业整体激励计划（例如，碳排放量减少带来的收益），是所有低碳员工或者大多数低碳员工均可分享企业年度利润的计划。目前，对利润分享计划的实施效果进行的研究还不是很完善。据研究发现，利润分享计划可提高碳资产管理效率和低碳员工的士气，但是如果把在这项计划上付出的成本考虑在内的话，利润分享计划对于组织利润所产生的影响就不是很显著了。研究发现，利润分享计划会提高员工的组织承诺度。

利润分享计划的形式从其支付特点看，主要有两种形式。

- 即时利润分享计划（又称现金分享计划）：是指低碳员工每个季度或者每年均可分享一定比例的企业利润。在现金分享计划中，企业每隔一段时间就会把一定比例（通常为 15% ～ 20%）的利润分配给员工。

- 延期利润分享计划：是指抽取员工当年应得的利润分成的一部分，暂时不以现金形式发放，而是记入员工个人账户。这笔资金会在未来某个时间点，比如数年后或者当员工离职时，一次性或分期支付给员工。企业会将现金存入每位员工的退休信托账户。这类计划可以使员工享受到税收优惠，也可以较长时间地留住员工，如果员工在规定时间前离开企业，就会失去延期利润。

（2）成功分享计划（又称目标分享计划）：是指将综合绩效指标作为经营目标，在超过经营目标的情况下对经营单位（组织、部门或员工群体）的低碳员工所进行的奖励计划。

成功分享计划的基本特征：侧重于综合绩效指标，注重协调企业各利润要素之间的关系。在激励计划中寻求一种兼顾局部利益和整体利益、短期盈利和长期发展的机制，减少各目标之间的冲突，促进企业碳资产利润的持续增长。

- 成功分享计划的方法基础——平衡计分卡法，是将组织的愿景使命和发展战略与碳排放管理评价系统联系起来，对组织的四大绩效目标（碳管理性指标、客户性指标、流程性指标、创新性指标）进行综合权衡，从而建立起一套体现战略意图、符合经营特点的综合绩效评价体系的方法。
- 成功分享计划的计奖基础和计奖特点。成功分享计划的奖酬支付基础是实际工作绩效与预定绩效目标之间的比较。其计奖特点包括：①指标衡量的相对性，即对每一项绩效指标的衡量，是按其绩效水平与起点相比的改善程度来衡量的，是一种相对判断；②指标的独立性，即每一项绩效指标都是单独评估的，它们之间互不干扰、相互独立，这意味着经营单位在每一项绩效指标上的表现都会独立地影响其在该指标上所能获得的奖励。

4.3.3 企业低碳员工的福利待遇

福利是指企业除直接的工资和奖金之外，以货币或非货币的形式向员工提供的各种额外报酬和补贴。这些福利可以分为法定福利和企业福利（即非法定福利）两大类。法定福利包括国家法律规定的社会保险、法定休假等权益；企业福利则更加多样化，涵盖了经济性福利、设施性福利、娱乐性福利和员工服务福利等多个方面。经济性福利包括企业年金、住房补助、节日补贴、交通补贴、通信补贴等；设施性福利包括员工宿舍、餐饮服务、健身中心、图书阅览室等；娱乐性福利包括免费观影、团队建设活动、自助旅游等；员工服务福利包括医疗保健、职业培训、教育资助、医疗援助、养老支持等。企业对低碳员工的福利待遇除对工作绩效的考量（碳资产管理绩效、工作表现等）之外，还可以引入“员工碳账户”。员工碳账户即个人碳减排的积分账户，低碳员工在工作中的碳管理绩效和日常生活中的碳减排行为会被换算成积分，存到相应账户里，碳积分可兑换多种福利待遇。

1. 非工作时间薪酬

非工作时间薪酬，也称补充性薪酬，是许多企业福利计划的重要组成部分。这种类型的薪酬主要涵盖员工在非工作时段仍能获得的经济补偿，包括员工在节假日、法定义务假、丧葬假、军事义务假、私人事假、病假、年假、产假时所享受的薪酬，以及向被临时解雇或永久解雇的员工支付的失业保险金。

（1）失业保险：是在员工不是出于自身原因而不能继续工作的情况下，企业向他们支付的一定数量的福利，这种福利的来源是企业缴纳的工薪税和国家财政补贴。国家并不要求企业向每一位被解雇的员工支付失业福利，而是只需要向那些不是因为个人的过错而被解雇的员工支付失业福利。因个人过错而被解雇的员工是无权要求获得失业福利的。

（2）有偿假期：是指低碳员工在不工作的情况下，仍然可以取得收入的福利项目。

2. 各种保险福利

养老保险、医疗保险、失业保险和工伤保险是《中华人民共和国劳动法》规定的四项基本社会保险，我国所有企业必须为其员工提供这些保险福利。对于拥有国际低碳员工的企业，有时也会在劳动合同中承诺为这些员工的配偶及未成年子女提供医疗和伤残保险等福利，以吸引和留住外籍低碳人才。

3. 退休福利

随着我国人口老龄化现象的不断加重，完善退休人员的基本福利制度成为事关退休人员福祉的重中之重。总体上说，企事业单位工作人员退休后可以享受的福利待遇有以下几项。

（1）养老金。这个属于大多数退休人员都可以享受到的正常待遇。不过在2014年10月机关事业单位养老保险改革之前，事业单位的退休人员每个月领取的是退休费，根据个人的工作年限按照退休前工资的一定比例发放。而在改革之后，退休费变成了养老金，并且收入的计算方式也有所改变。养老金的金额主要与退休时本省上年度在岗职工月平均工资、员工本人的缴费基数和缴费年限有关，遵循的是“多缴多得、长缴多得”的原则。

（2）职业年金。作为养老保险的补充，职业年金也是2014年机关事业单位改革之后才有的，并且未来会是事业单位退休人员除养老金以外最重要的收入。相比企业人员的企业年金，职业年金最大的区别是强制性，也就是机关事业单位必须为在编在岗职工建立职业年金制度。职业年金和养老保险一样，也是由单位和个人共同缴费，其中单位以员工个人工资为基数缴纳8%，员工个人缴纳4%。

（3）精神文明奖。各级单位的领导和职工对于“文明单位”这个称号都是非常看重的，因为被授予“文明单位”的企事业可以对本单位职工进行物质上的奖励，也就是发放精神文明奖。精神文明奖是唯一一个可以对退休人员发放的奖金，而综治平安奖、绩效奖等奖金是不可以对退休人员发放的。精神文明奖的发放标准一般有两种：一种是按不超过本单位上年度在职职工一个月平均工资总额发放；另一种是先确定一个发放基数，再根据职务（职称）等级确定一个发放系数，然后将发放基数乘以发放系数计算奖金金额。

（4）体检和慰问金。大部分企事业单位对于退休人员的身体健康也是非常关心的，每年在组织在职职工进行体检时，也会给退休人员发放体检卡或者安排他们去体检，还有一些事业单位是由政府统一组织安排所有退休人员参加体检。同时在重大节假日，一些单位还会给退休人员发放慰问金，作为对他们之前工作的一个肯定。

（5）取暖补贴、防暑降温费和住房补贴。取暖补贴属于我国长江以北的省份所特有的一项福利，国家对于它的发放对象、发放金额并没有明确标准，所以各省都有自己的政策。防暑降温费则是在每年的夏季发放，员工每年可以领到几百元，不过一些省份的退休人员并不能享受到这个福利。住房补贴也是一项地域性比较强的政策，在一些经济发达的省份，普通职工一个月就可以领到几千元的房补，而一些经济较差的省份则没有住房补贴。

4. 个人服务和家庭友好型福利

尽管带薪休假、保险以及退休福利构成了企业福利成本开支的绝大部分，但大多数企业还会为员工提供各种各样的服务福利，其中主要包括：个人服务（比如法律和个人咨询）、家庭友好型福利（如托育服务）、教育津贴以及高层管理人员特殊福利（如使用公司轿车）等。

（1）个人服务。个人服务福利包括信用互助会、法律服务、咨询，以及一些社交和娱乐机会。一些企业用自愿福利这个术语涵盖各种个人服务，其中包括宠物保险、汽车保险等方面。

员工援助计划是一套专门设计的服务方案，旨在帮助员工解决一系列个人问题，这些问题可能包括但不限于个人法律和财务咨询、领养援助、心理健康辅导以及重要生活事件的规划等。

（2）家庭友好型福利。福利管理这一领域正随着以下几个方面的发展趋势而发生变化：越来越多的家庭属于双职工家庭；更多的单亲家庭出现；更多的女性加入劳动力队伍；65 岁以上的员工在劳动力队伍中的人数越来越多。这一趋势使得很多企业开始实施一种所谓的家庭友好型或工作 – 生活平衡福利。这种福利通常包括儿童看护、老人看护、健身设施、弹性工作时间安排等，有助于更好满足员工工作和家庭生活需要。

5. 弹性福利计划

弹性福利计划与传统福利计划的最大区别在于它赋予了员工更多的选择权和决策权，允许员工根据个人需求定制福利组合，从而更好地满足员工个性化的需求，显著提升了员工对福利的感知度和满意度。这种福利模式通常被称为“弹性福利”“自助餐式福利”“菜单式福利”或“自选福利”。

弹性福利计划主要包括以下几种类型。

（1）核心外加计划：所有员工都能享受的一组核心福利，此外还有多个可选福利项目供员工自由选择，以满足员工个人偏好。

（2）标准组建计划：企业提供几个预设的福利套餐，每个套餐包含了一定的福利组合，员工从中选择一个最适合自己需求的套餐。

（3）工资 / 薪水下调计划：员工可以选择减少自己的基本工资，以换取额外的福利项目，比如更多的假期或是额外的退休储蓄。

（4）薪酬转换计划：员工可以通过放弃或减少其税前奖金，来换取他们认为更有价值的福利选项。

在实际操作中，企业会提供一张包含多种福利项目的“菜单”，员工可以根据个人需求从这份列表中选择适合自己的福利项目，组合成个性化的福利“套餐”。这种制度特别强调员工参与的重要性，鼓励员工参与到福利选择的过程中来，以确保所选福利能够真正满足个人需求。当然，员工的选择并非完全自由，某些项目如法定福利是每位员工必须选择的。此外，企业会根据员工的薪资水平、工龄或家庭情况等，为员工设定一个福利预算额度。福利菜单上的每个项目都会标有相应的费用，员工需要在自己的预算范围内挑选心仪的福利项目。

4.4 企业低碳员工的职业生涯规划

4.4.1 企业低碳员工职业生涯规划的内容

企业低碳员工职业生涯规划是指企业在推动低碳环保、可持续发展的背景下，为员工制订的一系列与低碳环保理念相符合的职业发展计划和路径。这种职业规划不仅关注员工的个人成长和职业发展，更强调员工在低碳环保领域内专业技能和知识的提升，以及为企业的低碳转型和可持续发展做出贡献。职业生涯规划的具体内容分为如下六个阶段。

（1）自我评估阶段：此阶段主要涉及对员工个人需求、技能、兴趣、性格和个性特质等方面的深入分析，旨在明确哪些职业方向更适合自身，并识别个人已有的能力。

（2）组织与社会环境分析阶段：在职业规划中，对组织和社会环境的分析同样至关重要。短期规划往往更侧重于对组织环境的了解，包括企业文化、价值观、组织结构等，以判断个人在组织内部的成长空间和发展机会。而长期规划则需要更多地关注社会环境的变化，如行业趋势、政策法规等，以预测未来可能的发展机遇和挑战。这一阶段的目的是帮助个人在职业生涯规划中做出更加明智的选择，以适应不断变化的外部环境。

（3）生涯机会评估阶段：此阶段是对低碳员工长期和短期发展机会的综合考量。通过深入分析社会环境和组织环境，低碳员工可以识别出与自身情况相匹配的低碳职业发展机会。长期发展机会评估关注减碳相关行业的趋势和低碳职业发展路径，帮助低碳员工设定长远的职业发展目标；而短期发展机会评估则关注组织内部的减碳项目、晋升等机会，为低碳员工的职业发展提供短期驱动力。

（4）生涯目标确定阶段：在明确低碳员工个人优势、外部环境以及潜在机会之后，要设定其明确的职业发展目标。这些目标包括长期目标、中期目标和短期目标。在设定目标时，低碳员工需要综合考虑自身的专业背景、性格特点、价值观以及社会发展趋势，确保目标既具有挑战性又可实现。

（5）行动方案制订阶段：在确定了明确的生涯目标后，接下来是制订具体的行动方案。这包括选择适合自己的职业发展路径、确定职业方向、制订教育和培训计划等。行动方案的制订应紧密结合个人目标和外部环境的变化，以确保实施过程中的灵活性和有效性。

（6）评估与反馈阶段：职业生涯规划是一个动态的过程，需要不断地进行评估和反馈。通过定期回顾自己的职业发展情况，个人可以及时发现并纠正规划中的偏差，确保职业规划的有效性。同时，通过反馈机制，个人还可以不断加深对自我和社会的认识，为未来的职业发展奠定坚实的基础。

以碳排放交易师为例，其进行职业生涯规划时，首先会对个人能力、是否对低碳行业感兴趣，低碳企业环境等进行评估；其次要根据专业、性格、气质和价值观以及社会的发展趋势确定个人在低碳型企业的目标；接着制订行动方案，包括熟知碳交易原理和行业企业配额分配规则，深度了解碳交易体系和市场动向，帮助企业开发和管理碳资产，制订企事业单位碳排放交易方案，通过购买、出售、抵押碳排放权等帮助企业完成遵约，降低碳减排成本，助力企业实现“碳中和”，等等；最后，进行自我评估，并处理企业和他人对自己的反馈。

4.4.2　企业低碳员工职业生涯规划的制定

在企业低碳员工职业生涯规划的制定中，员工是其自身职业生涯规划的主体，承担自身职业发展的主要作用，在员工职业生涯规划制定过程中，员工需要做到以下三点。

（1）对自身有关低碳的能力有一个清晰的评估。低碳类员工可以从自身的学历、自身专业与低碳的适配度、低碳技能与经验等方面入手，进行一个系统的分析，并与潜在的竞争者进行优、劣势分析，确定自己的能力及发展方向。

（2）制定自己的低碳职业发展目标。低碳员工通过对自身价值观、理想、兴趣等人生目标进行系统的分析，确定自己的低碳职业发展目标。

（3）制订并实施低碳能力提升计划。通过自学低碳方面新知识、尝试新工作、培训进修等各种方式培养和提升自己的知识和能力，缩短自己与职业目标所要求能力之间的距离。

员工是企业低碳职业生涯规划的主体，此外，管理者是低碳工作中与员工交集最多的，承担日常对员工低碳能力的培养、辅导工作。管理者应根据企业需要，尽力为员工提供各种培训和职业发展机会，做到以下四点。

（1）低碳管理者应当积极与员工进行沟通交流，深入了解他们的能力、兴趣及职业愿景。结合低碳企业的长远发展需求，与员工共同探讨并调整其能力成长与职业规划，力求将员工的个性特质、职业发展与企业内部的能力建设相融合，从而实现员工个人发展与企业发展双赢的局面。

（2）低碳管理者应激励员工保持积极向上的工作态度，并借助绩效评估与反馈机制，实时跟踪员工在能力提升与职业发展方面的最新进展，确保每位员工都能在不断进步中前行。

（3）针对工作实际需求，低碳管理者应致力于创造更多学习与发展机会，通过系统的培训活动，提升员工的低碳专业知识与实操技能。

（4）低碳管理者需要敏锐捕捉企业内部潜在的晋升机会与绿色低碳发展路径，及时为员工提供多样化的职业选择，助力他们顺利实现个人职业目标，同时也为企业培养更多具备绿色低碳理念的优秀人才。

4.4.3 企业低碳员工职业生涯规划的实施

在明确了企业低碳员工职业生涯规划的内容，制定了企业低碳员工职业生涯规划后，我们还要保证企业低碳员工职业生涯规划可以顺利实施。

第一，明确低碳规划内容：为保证职业生涯规划可以顺利实施，企业首先应明确低碳规划的内容。以碳审计师为例，碳审计师是一种专注于评估和测量特定范围及时间段内碳排放量的专业人士。他们通常受政府部门或相关机构委派，根据国家的法律法规、政策及相关标准，按照审计行业准则，对被审单位或部门实施低碳生产活动、资源使用效率、财务报告真实性以及职能执行情况等方面进行专项审计。此外，碳审计师还负责构建“碳足迹”记录系统，用以量化和评估温室气体排放的影响程度。

第二，确定职业生涯规划目的：结合企业低碳员工职业生涯规划的制定来看，应明确企业低碳员工职业生涯规划的目的。还是以碳审计师为例，碳审计师的工作旨在通过专业的评估，满足不同层面的需求。从宏观角度来看，碳审计是为了检查和监督能源的使用情况，确保这些机构能够透明且有效地管理大量资源，回应公众对资源有效利用和节约的关注。而从微观角度来看，碳审计的目标在于优化经济组织内部的资源使用效率，通过详细分析能源利用的效果，如评估某项能源项目的开发和利用效率，来提高经济效益并减少资源浪费。这样不仅能提升企业的运营效率，还能促进环境保护，实现可持续发展目标。

第三，制订具体规划方案：企业需要确定员工职业生涯规划的具体方案。对碳审计师来说就是要科学制订碳审计方案，首先要确定碳审计项目，在综合考虑有关碳信息后，通过分析和评估，最终确定节能减排审计项目；其次是收集碳排放相关资料，评估内部控制的风险，从而明确审计的重点领域；接着进行审前调研，对审计对象有一个较为全面、完整的认识；最后制订详细的审计计划，根据收集到的资料和审前调研结果，制订详细的审计计划。

第四，落实规划步骤：企业和员工需要细致落实规划中的每一个步骤，将规划中的每一个细节都转化为实际行动，为每个步骤制定一个明确的时间表，以确保规划能够按时完成；还需要密切关注员工的工作进展和反馈，通过定期的沟通、会议或报告来监控规划的实施情况。对于碳审计项目来说，这包括收集审计证据、编制与复核审计工作底稿，从而确保审计工作的顺利开展，并精确计算碳排放量。

第五，编写报告与总结反思：企业和员工需要编写报告并总结反思。报告应全面详尽，包含关键要素。同时，应进行总结和反思，围绕问题展开分析，提出解决问题的方案和建议，纠正偏差以求改进。

只有按照以上科学、合理的步骤，才能保证企业低碳员工职业生涯规划的顺利实施，使其达到相应的效果。

本章小结

本章介绍了企业员工低碳绩效评估绩效、企业员工低碳激励、企业低碳员工薪酬管理、企业低碳员工的职业生涯规划。本章总体框架如图 4-3 所示。

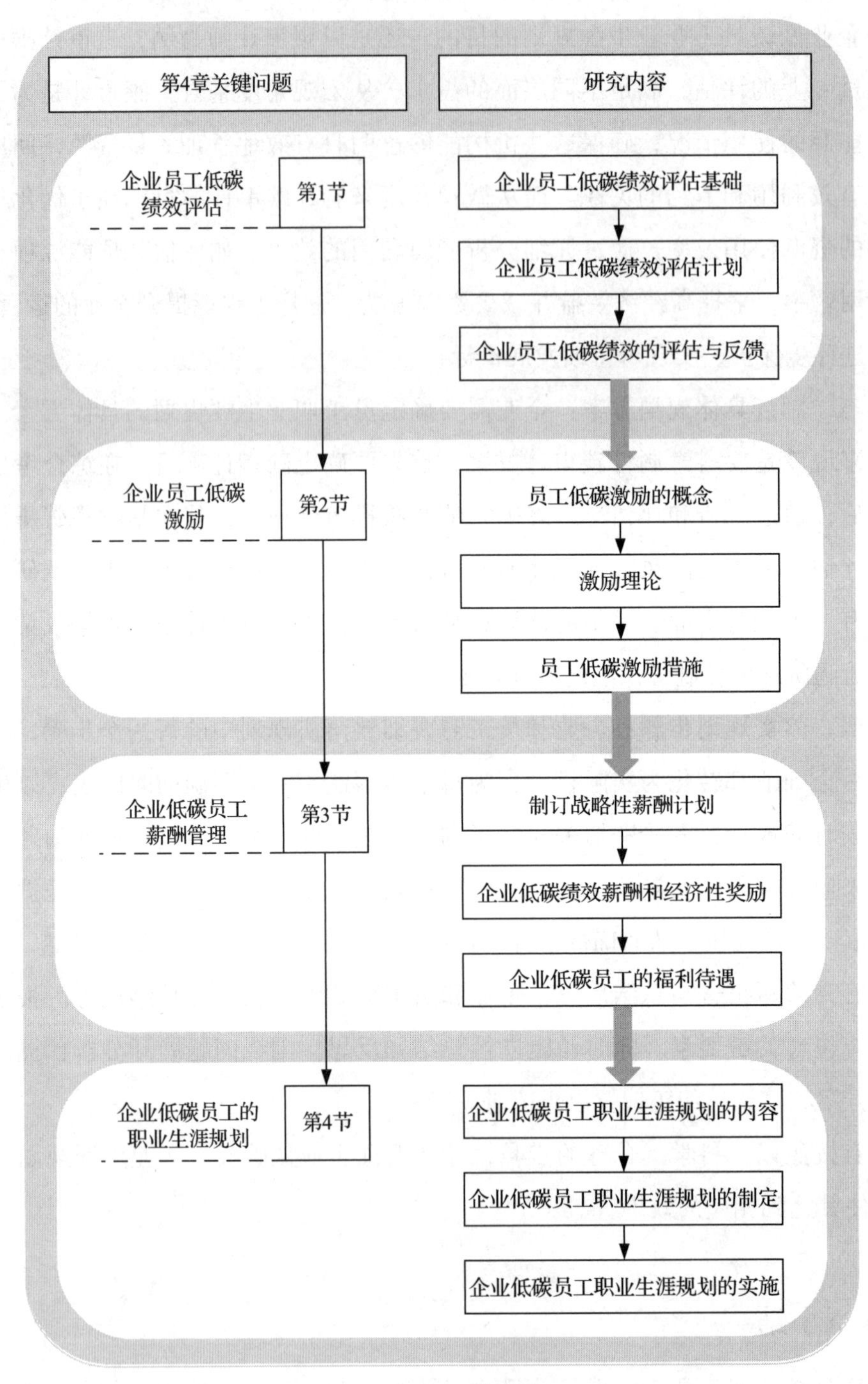

图 4-3　本章总体框架

1. 在企业员工低碳管理中，员工低碳绩效评估主要围绕全体员工日常工作中的低碳实践展开，为衡量员工低碳工作表现提供了精准标尺，使得员工的低碳贡献得以量化呈现。企业员工低碳激励则运用物质奖励与精神鼓舞等手段，全方位激发员工在各自岗位上积极践行低碳行动。企业低碳员工薪酬管理聚焦于与企业低碳业务深度关联的特定群体，将低碳绩效与员工收入挂钩，吸引并激励专业人才投身企业低碳事业。企业低碳员工的职业生涯规划则为这些专业人才量身定制在低碳领域的清晰成长路径，助力他们实现专业化、深层次的职业发展。

2. 员工低碳绩效评估结果不仅是对全体员工低碳工作成效的全面检验，更是筛选和认定特定低碳员工的重要参考标准，同时为后续的激励、薪酬管理以及职业生涯规划提供了关键依据。合理的激励措施，无论是面向全体员工还是专门针对低碳员工的，都能有效激发员工提升低碳绩效的主动性与积极性。科学的薪酬管理和完善的职业生涯规划能够显著增强低碳员工的工作稳定性与创造力，进而带动全体员工对低碳工作的重视与参与，形成相互促进、协同发展的良好局面。

3. 激励理论包括需求层次理论、双因素理论、期望理论、公平理论、强化理论。在企业低碳员工管理的过程中，多种激励理论发挥了关键作用。企业必须持续关注员工管理措施与激励理论结合的实施效果，依据不同时期员工的需求变化，灵活运用激励理论调整管理策略，确保管理体系始终适应企业低碳发展需求，让低碳理念深入企业运营的每一个环节。

关键术语

低碳绩效评估

低碳激励

薪酬管理

职业生涯规划

复习思考题

1. 企业低碳绩效评估和传统的企业绩效评估有什么区别？
2. 企业低碳绩效评估方法有哪些？分别适用什么情况？
3. 企业员工低碳激励方法有哪些？
4. 目前我国许多企业年终奖采取保密的“红包”方式，其利弊如何？如何解决其公平性与激励性之间的矛盾？

5. 如何制定企业低碳员工职业生涯规划?

实践案例

北汽集团：用“员工碳账户”传递绿色低碳正能量

近日，碳阻迹与北京汽车集团有限公司（以下简称“北汽集团”）达成合作，为其打造专属“员工碳账户”，带动北汽员工共同减碳。这是北汽集团继发布“BLUE 卫蓝计划”后，首次在内部推行员工个人碳减排工具，也是北汽集团在低碳道路上依托数字创新打开个人碳减排的新尝试。

北汽集团于1958年成立，是中国汽车的骨干企业，在《财富》全球500强企业中占有一席之地。其旗下汇聚了诸如北京汽车、北汽越野、北汽新能源、北汽福田、北京现代及北京奔驰等一系列知名品牌。北汽集团的业务范畴广泛，不仅涵盖整车与零部件的研发制造，还涉及汽车服务贸易、综合出行服务以及金融投资等多个领域，已逐步壮大为一个综合性的国有大型汽车企业集团。绿色是北汽集团的重要发展理念之一。北汽集团从研发、产品、制造以及生态等层面陆续引入绿色措施，争做汽车行业低碳可持续的开拓者，助推实现“双碳”目标。2022年6月15日，北汽集团推出了名为“BLUE 卫蓝计划”的减碳行动方案，明确宣布了其减碳目标：致力于在2025年达成碳达峰，并进一步规划在2050年实现产品全面脱碳和运营碳中和的蓝图。

“双碳”面前，没有“局外人”。北汽集团更希望以具体的方式进入历史进程，带动每一位北汽人成为绿色低碳生活的践行者、引领者、传播者。

碳阻迹拥有丰富的实战经验和成熟的数字化能力，为北汽集团打造的“员工碳账户”，能够有效激励北汽集团的员工积极聚焦于办公与生活两大场景中的低碳行为。在办公场景方面，鼓励员工从日常细节入手，如减少纸张浪费、合理设置空调温度、随手关闭不必要的电器设备等，每一项小小的低碳行动都能体现在碳账户中。而在生活场景方面，倡导员工优先选择公共交通出行、参与垃圾分类、践行绿色消费等，这些行为同样会被纳入碳账户的统计范畴。通过“员工碳账户”丰富的低碳场景库、智能减排量计算，以及积分兑换等功能，北汽集团将引导并带动其全体员工营造节能降碳的良好氛围，倡导绿色低碳生产生活方式。

资料来源：根据网络公开资料整理。

参考文献

1. 贾明 . 企业碳中和管理 [M]. 北京：机械工业出版社，2024.
2. 麦海燕，麦海娟 . 企业低碳水平的动态绩效评价 [J]. 财务与会计，2013（1）：26-27.
3. 唐贵瑶，陈志军 . 集团公司人力资源管理 [M]. 北京：中国人民大学出版社，2021.

第5章 企业低碳运行机制

CHAPTER 5

引例

国家电投员工低碳行动倡议书

2021年4月20日，国家电投在京举办低碳行动倡议发布及碳普惠平台建设启动会，向全体员工发出低碳行动倡议，介绍企业碳普惠方案，鼓励员工低碳办公，倡导员工把低碳理念融入日常工作和生活。会议发布了《做低碳行动的先行者和示范者——国家电投员工低碳行动倡议书》，从低碳工作、低碳生活两个方面提出具体倡议，激励员工争做低碳行动的先行者和示范者。

以下是倡议书节选。

> 人类社会正在进入低碳文明发展新阶段。国家电投始终坚持走绿色低碳发展道路。截至目前，我们的清洁能源装机占比达56.9%，核能、重燃、光伏、氢能、储能等清洁能源技术不断突破，综合智慧能源、绿电交通等新产业全面拓展。当前，国家电投正全力以赴落实各项减排措施，努力在实现我国“双碳”目标的进程中承担更大的责任。
>
> 在此，我们向国家电投每位员工发出倡议，让我们积极行动起来，争做低碳行动的先行者和示范者，用点滴低碳行为，为构建绿色低碳社会贡献力量。

在低碳办公方面，提倡使用无纸化办公；重复利用信封、公文袋；低层少用电梯，改走楼梯；办公室、会议室尽量采用自然光；离开办公室时随手关灯、关空调、关电脑等。

在低碳生活方面，提倡选择绿色出行；合理点餐，践行“光盘”行动；合理选购，适度消费；减少使用一次性产品（筷子、纸杯、餐盒、购物袋等）；多参加义务植树等活动。

除上述行动外，我们欢迎大家提出和践行更多的低碳行动。同时，国家电投将率先推出“企业碳普惠平台”，建立员工个人碳普惠激励机制，利用移动互联网和大数据技术，对低碳行动减排效果进行量化与评估，形成“碳积分”，并结合员工福利、电子商城等多种方式进行一定的激励。

资料来源：杜玉，王紫颐，国家电投建设碳普惠平台并发布员工低碳行动倡议书（附全文），北极星火力发电网，2021年4月21日。

5.1 企业员工的低碳行为

5.1.1 企业员工低碳行为基础

1. 员工低碳行为的必要性

当今世界正面临着气候变化这一全球性挑战，大量温室气体排放给地球气候圈层的正常循环带来了巨大压力，对整个生态系统构成了严重威胁。人类活动（如化石燃料的燃烧、滥砍滥伐等）是造成温室气体大量排放的重要原因。在这个关键背景下，控制温室气体的排放、减少碳排放、促进全球气候的正常化成为推动人类可持续发展的紧迫任务。因此，我国提出了“双碳”目标，积极应对全球气候变化，推动生态文明建设，重塑能源格局，以推动更加可持续的经济增长和低碳经济的发展。这一系列关键举措具有不可替代的重要意义，将为我们创造一个更加繁荣、可持续的未来，确保我们的子孙后代能够生活在一个更加健康、美好的环境中。

2021年中科院公布的研究结果显示，在我国全社会碳排放总量中，生产端占47%，消费端占53%。个人的每一个简单动作都可能对应着资源消耗和碳排放。在每个产品的生命周期里，从原材料加工到产品使用完毕，碳排放最多的环节并不仅仅是在工厂生产时，还在产品使用的时候。例如，洗澡时用42℃的热水还是38℃的热水并不会有明显差别，冲洗的时候把水龙头关上也只是一个顺手的动作，但当一个个微小的细节被集合起来时，就是一个足以被称为问题的数字。所以，个人的碳减排行为刻不容缓。

此外，值得注意的是，家庭的低碳行为与工作场所的低碳行为是不同的。对于个人来说，家庭的能源消耗需要付费，而工作场所的能源消耗对个人来说几乎是免费的。在很大程度上，工作场所的能源可以被视为一种公共产品（Lopes 等，2019）。另外，人们每周在工作场所花费大约 60% ～ 70% 的时间。这种特性使得人们在工作场所比在家里更容易浪费能源。因此，可以知道，个人在工作场所节约能源对于减少能源消耗和碳减排至关重要。

2. 低碳行为的概念

（1）低碳行为。低碳行为与亲环境行为类似，是指通过低碳消费、低碳节电等行为，减少能源消耗，建立低碳社会的行为（Xia 等，2022）。低碳行为分为两个范畴（Stern，2000），第一种是私人领域的行为，第二种是公众领域的行为。私人领域的行为是指个体在家庭、生活中采取的减少碳排放和促进可持续发展的行动。公众领域的行为是指个体通过为政策、制度等献言献计或影响他人的行为间接影响碳排放和环境。

（2）员工低碳行为。个体在推动低碳社会发展的过程中还扮演着多重角色，包括成为低碳消费者、低碳员工和低碳公民。员工低碳行为是指员工在工作场所采取的旨在减少能源消耗和碳排放的行动和举措。这包括但不限于节约能源、减少废弃物产生、推广可再生能源的使用、优化交通方式、减少碳足迹等行为，旨在降低工作场所的碳排放量，促进可持续发展。员工通过实施低碳行为，可以有效减少企业或组织的环境影响，为构建更加环保、可持续的工作环境和社会贡献力量。

5.1.2 企业员工低碳行为的影响因素

以往对低碳行为的研究主要集中在政府、地区和企业三个层面。例如，Du 等人在政府层面研究了碳税如何影响建筑利益相关者的低碳行为。Zhang 等人在地区层面对中国杭州进行了调查，以明确居民自我选择对低碳行为的影响。此外，在企业层面，Sun 等人分析了中国上市公司低碳行为、经济转型与财务绩效之间的关系。到目前为止，对个体低碳行为的研究还很少。此外，现有的个体低碳行为研究对象多为居民和消费者。Liu 等人研究了大学生低碳消费习惯的影响因素，Yin 和 Shi 的研究发现，社会交往是居民低碳消费习惯的重要预测因子。虽然对低碳行为的研究尚处于萌芽阶段，但已有研究表明，领导风格（即生态中心型领导、精神型领导）对下属的低碳行为有显著影响，但很少有研究在一个组织工作的背景下考察员工低碳行为的影响因素。目前关于员工低碳行为前因变量的研究成果主要有以下两项。

员工会追随和模仿领导的行为，领导的绿色行为或领导风格会促进员工的亲环境行为。如环境特定服务型领导与员工低碳行为呈正相关（Xia 等，2022）。环境特定服务型领导将环境利益置于个人和企业利益之上，其重点是在组织利益相关者中建立亲环境价值观，这会塑造下属的低碳行为。

员工对环保的态度、行为取向会影响其低碳行为。首先，主观规范、个人规范、对行为的态度、感知行为控制会通过影响“碳中和”行为意向进而影响员工的低碳行为（Zhao 等，2022）。其次，个人的文化价值观会影响员工的低碳行为。最后，人口统计学因素也会影响员工的低碳行为。如年龄、受教育程度、工作年限和工作类别对员工的低碳行为有显著影响（Zhao 等，2022）。

5.1.3　企业员工低碳行为的参与——碳普惠

1. 碳普惠的概念

碳普惠作为一种创新性的自愿减排机制，主要是依托碳普惠平台，与公众机构数据进行对接，通过运用碳减排计算方法学，将个人或企业的碳减排行为进行量化并给予相应的碳积分。其主要是运用“互联网＋大数据＋碳金融”的方式，通过商业激励、政策鼓励和核证减排量交易等方式进行正向引导，从而使公众碳减排“可记录、可衡量、有收益、被认同”。

2. 碳普惠在员工低碳行为中的作用

碳普惠在员工低碳行为中发挥着重要作用，具体内容如下。

首先，通过碳普惠平台，企业可以对员工的低碳行为进行量化和记录，例如员工节能用电、节约用水、减少通勤排放等，将这些低碳行为转化为碳积分，并给予相应的激励。

其次，碳普惠可以通过商业激励机制，鼓励员工参与到企业的碳减排行动中来。通过记录和奖励员工的低碳行为，激励员工积极参与节能减排活动，形成企业低碳文化，提高员工的环保意识和行为。

此外，碳普惠也可以为企业提供一种新的员工激励方式。企业可以将员工的低碳行为作为绩效考核的一项指标，通过提高绩效或者其他奖励形式，激励员工主动采取低碳行为，推动整个企业向低碳方向发展。

最后，员工不仅是企业的主体，也是社会公众的一员，其碳减排行为既存在于工作场景，又存在于生活场景。员工可以依托碳普惠平台与个人碳账户，实现工作和生活场景的碳账户流通。

3. 碳普惠发展的现存问题

尽管碳普惠机制为员工提供了参与绿色低碳发展的新途径，然而现阶段的碳普惠机制仍处于初步发展阶段，面临着诸多问题和挑战，总结如下。

第一，碳普惠激励效应有限。目前绝大部分的碳普惠实践主要依赖于地方财政和企业公益的支持，其积分兑换的激励机制受地方财政情况、企业公益意愿的影响较大。特别是企业会考虑投入回报率和平台运营成本，其推出的激励机制可能存在吸引力较弱、激励效果有限等问题。而较低的公众感知度和参与度反过来又会影响企业的投入回报率和公益意愿积极性。若没有公众的参与，碳普惠将会是一种没有实际意义的象征性平台。

第二，缺乏具有公信力的碳账户核算标准。我国的碳普惠发展尚未形成标准化的运作方式。不同平台采用的碳普惠方法学不同，核算方法不统一，甚至存在同一低碳行为在不同平台重复计算的问题，影响了碳排放数据的科学性和真实性。同时，碳交易市场交易的核证碳减排量的范围不明确，也会直接影响市场机制运行的有效性和公平性。

第三，存在用户个人信息泄露的风险。碳普惠运行机制离不开对个人出行和消费数据的收集，这些数据包含着用户的个人隐私信息。此外，碳普惠机制的数据分析和碳核算过程也可能会暴露用户的个人偏好和足迹。若碳普惠平台的隐私保护管理不当，就有用户个人隐私泄露的风险。

针对以上问题，可以通过以下措施来解决碳普惠机制在推广过程中面临的挑战。

首先，建立多元化、持续性的激励机制，以加强碳普惠的激励效果。例如，政府可以考虑采取一些政策性激励（如将碳普惠减排量与个人所得税税前抵扣、公积金贷款利率等联系起来，将碳普惠减排量接入全国碳市场，参与市场交易）来激发公众的持续参与热情。此外，碳普惠平台还可以通过采取游戏化的参与模式、红利发放、优惠购买、兑换公共服务等方式提升公众参与碳减排的积极性。同时，加强碳普惠机制在公益性和商业性之间的平衡，建立健全可持续性的激励机制体系，加快碳普惠机制的发展，推动低碳经济的实现。

其次，建立统一的碳账户核算标准和全国统一的碳普惠平台。国家要尽快出台相应的管理办法，统一碳普惠方法学，规范碳普惠评价和应用规则，推动建立全国统一的碳普惠平台，制定碳排放数据验证规则，确保数据的科学性和真实性。此外，需要明确碳市场交易核证的范围，并完善碳普惠减排量从产生到交易或消纳的全过程机制。

最后，加强数据安全和隐私保护。采用先进技术手段加强用户数据安全和信息保护，例如采用数据匿名化、加密传输和访问控制等措施，最大限度地减少个人信息的泄露风险。同时，建立严格的数据保护及监管审查机制，确保碳普惠机制在数据收集、使用和共享方面遵守隐私权保护原则，并明确数据保护责任和违规处罚措施。

5.2 企业管理者的低碳行为

5.2.1 企业低碳型领导

低碳管理、低碳政治、生态政治观等理论研究把生态理念从生态领域延伸到人文社会领域，提出了人态和谐和人与自身的和谐（心态和谐）。在这种情况下，一种新的领导模式——“低碳型领导”的概念便应运而生。低碳型领导模式对于低碳经济具有十分关键的理论价值与实践意义。低碳型领导是组织中的领导者对其下属进行低碳引导，旨在促使组织成员自发地参与企业减碳行动，共同推动组织实现低碳转型的领导类型统称。现阶段，责任型领导、绿色变革型领导、可持续型领导、绿色正念型领导等都是常见的低碳型领导，他们都在通过不同的方式推动企业实现低碳转型和可持续发展目标。

1. 责任型领导

2005 年 11 月 13 日，中国石油天然气股份有限公司吉林石化分公司（以下简称“吉化公司”）双苯厂苯胺车间发生爆炸事故，事故产生的有机污染物流入松花江，导致松花江发生重大水污染事件。危害截至同年 11 月 14 日，共造成 5 人死亡、1 人失踪，近70人受伤，沿岸数百万居民的生活受到影响。污染区域流经哈尔滨市，导致该市供水系统瘫痪长达五日，构成一起严重的工业环境事故。同年11月23日，国家环境保护部门向公众披露，吉化公司双苯厂的一起爆炸事件，引发了松花江流域的重大水污染危机。在此次事件中，吉化公司及其双苯厂暴露的事故原因主要有两点。一是未对潜在事故可能造成的松花江水污染风险进行充分评估，应急预案存在严重疏漏。二是中国石油天然气集团公司和股份公司未能察觉吉化公司在环保领域存在的问题，风险评估不足，未能及时有效地推动并监督相关措施的落实。从上述案例中我们不难看出，责任型领导的缺失或是失责，会是企业在生产生活与发展过程中的重大隐患。在组织内部，各层级的成员都能依据其岗位特性和职责重点，为推进绿色低碳事业贡献力量。高层管理者负责制定企业的绿色发展战略，中层管理者则要提出适应市场环保趋势的解决方案，至于基层职员，要通过日常工作的环保表现与态度践行着绿色理念。

在当今时代，仍有部分企业为追求高额利润，不惜牺牲公众福祉。鉴于此，学术界强烈呼吁领导者应主动肩负社会责任，力求在经济效益与社会效益之间找到平衡点（Maak and Pless，2006）。在此背景下，责任型领导理论应运而生。Pless和Maak（2005）界定了责任型领导，强调领导者需要与不同利益相关者构建持久信任关系。随后，他们于2006年将责任型领导理论融入伦理学视角，主张领导者应与组织内外利益相关者建立符合伦理的关系，激发各方在共同目标的驱动下形成高度的积极性与承诺，共同创造可持续价值。Voegtlin（2011）则从过程角度出发，认为责任型领导应通过平等对话与民主协商机制，有效调和利益相关者间的冲突，建立互利共赢的关系。本书将Pless和Maak的理论概括为关系视角下的责任型领导，而将Voegtlin的理论界定为过程视角下的责任型领导，尽管此视角提供了更细致的领导过程描述，但由于过于聚焦于程序化管理，忽略了责任型领导的具体行为特征及其承担的社会责任范围与深度。因此，后续研究开始从行为视角探讨责任型领导，强调其行为应遵循向善避恶的原则。本书将重点探讨企业在推进低碳人力资源管理与低碳发展的过程中，责任型领导所扮演的关键角色，即领导需要对员工绿色行为负责、对企业绿色发展负责，对企业对社会产生的绿色影响负责。

责任型领导注重保护与企业运营密切相关的所有利益相关者的权益。责任型领导会通过与员工互动的方式，将自己的见解传达给员工。领导的核心价值观和高度的社会责任感会潜移默化地影响员工，员工会将领导视为自己的榜样，会观察和模仿领导的行为，从而增加员工的社会责任感，践行低碳环保行为。此外，责任型领导在强调企业社会责任的同时，也会重视员工的需求，关注他们的个人发展和职业规划。领导对员工的信赖、关怀与尊重能够降低员工的工作压力，促使他们有更多资源去关注环境等利益相关者的福祉。所以，责任型领导能够充分调动员工对于践行低碳行为、遵循企业低碳发展战略的主动性。

责任型领导通过广泛而深入地与利益相关者对话协商，致力于在追求共同利益和价值的过程中行善与避害，有时不惜暂时牺牲个人或团队的短期利益，以实现更广泛层面上的平衡，并向员工明确传达道德原则与行为规范。因此，责任型领导在组织中起到了模范带头作用，通过亲身实践帮助员工深刻理解和内化社会责任的核心理念与价值，从而激励员工更主动地采取行动维护其他个体或组织的福祉。依据社会交换理论，员工也是企业的利益相关者，责任型领导与员工之间不仅进行信息共享，还彼此给予情感上的关心与支持。组织将员工视为共享愿景的重要组成部分，为他们改善工作环境与条件提供更多资源与帮助，而员工则会以更多的主动承担责任的行为作为回报（戴万亮、路文玲，2021）。

2. 绿色变革型领导

在2017年上海举办的中国家电及消费电子博览会上，海尔展示了自己互联网转型的成果。海尔转型给整个传统制造业带来了长远且深刻的影响。在国家生态建设的大背景下，海尔全面推行绿色生产模式并取得了极大的经济收益，实现企业低碳效益与经济效益的双重提升。海尔前总裁张瑞敏是一个非常有危机感和改革精神的领导者。绿色变革型领导的核心在于向企业内部员工传递环境保护的规范，以此激发员工的绿色环保行为（Robertson and Barling，2013）。

绿色变革型领导将绿色环保理念融入变革型领导的四个维度，由此衍生出绿色环保方面的影响力、动机激发、智力启发与个性化关怀（Robertson，2018）。绿色影响力是领导者通过自身在绿色环保方面的突出表现为员工树立榜样，进而引导员工践行环保行动；绿色动机激发是领导者激活员工的绿色环保动机，激励他们为达成企业的环保目标而行动；绿色智力启发强调领导者鼓励员工探索环保方面的新方法、新技术以应对环境保护方面的问题；绿色个性化关怀则体现在领导者对员工在环保方面的技能和贡献给予重视。绿色变革型领导能够提升员工的绿色环保能力、动机和机会，继而激发他们的绿色环保行为。

3. 可持续型领导

在追求美丽中国的目标及加强生态文明建设的过程中，企业履行社会责任已成为实现社会可持续发展的必要条件。可持续型领导在致力于创造经济价值的同时，也注重调和社会责任与盈利目标的关系。这类领导者能有效地向团队成员传达关于可持续实践的信息，这些信息反映了领导者在个人利益与公共福祉之间做出明智选择的能力，例如，他们倾向于超越个人得失，致力于服务他人及保护自然环境。此外，可持续型领导重视长远利益，考虑的是广泛的利益相关方的需求，而非仅仅满足少数内部人员的即时需求。

可持续型领导对企业成长有着全面的视角，他们会构建一个融合社会责任和环境保护的发展蓝图，设定符合可持续发展标准的目标，并积极投入资源去达成这些目标。同时，这样的领导还会出台相关政策，激励员工采取环保行动，推动组织内部形成有利于可持续发展的文化氛围（Ferdig，2007；McCann and Holt，2010）。更重要的是，可持续型领导以负责任的态度对待社会和环境，确保其决策和行为符合可持续发展的原则（McCann and Holt，2010）。基于社会信息加工理论，员工会依据领导提供的可持续性信息来理解周围的世界，这有助于提高他们对环境挑战的认识，激发他们对环境问题的关注，并增强他们参与解决环境问题的责任感。

4. 绿色正念型领导

多项研究表明，领导者在工作环境中的领导风格对员工的行为会产生显著的影响。员工通常会把领导者的行动视为企业文化和价值观的体现，因而在日常工作中倾向于效仿这些行为。然而，在当前这个高度动态且不断变化的社会环境中，领导者如何保持清晰的思维，提高注意力集中度，避免被不必要的事物打扰，以便更有效地指导团队，并持续关注环境变化？基于此需求，绿色正念型领导得以提出。“正念”一词源自心理学，最初灵感来源于佛教的冥想实践，经过发展成为一种自我调节的策略。卡巴金将其定义为一种精神训练方法，旨在通过有意识地关注和体验当下的感受，来培养个体的觉察能力。卡巴金进一步解释说，正念训练的核心在于有意图地、非评价性地专注于当前时刻的经历。而绿色正念型领导则是指对员工进行正确的绿色理念领导、减轻员工压力、提高员工满意度的领导。绿色正念型领导的行为能够激励员工在日常工作中采取更多的环保行动。员工的这些绿色行为不仅有助于降低企业的运营成本，还有助于塑造环境友好型企业形象，为企业赢得更多的市场竞争优势。因此，绿色正念型领导对企业的低碳转型和国家实现“双碳”目标具有重要意义。

5.2.2　企业低碳管理者的权责及其作用

2016 年 8 月，支付宝公益板块正式推出蚂蚁森林，用户可以通过减碳行为来培育手机里的虚拟树。待虚拟树长成之后，合作方会在地球上种下一棵真树。据蚂蚁森林前总经理徐笛介绍，在推动生态环境建设的背景下，团队探索了如何让广大公众参与到绿色低碳生活中，共同努力实现美丽中国。借助移动互联网技术的进步，企业可以轻松记录用户的环保行为，并通过与公益项目的合作，将这些线上活动转化为实地植树等实际行动，从而对生态环境较差的地区产生积极影响。这种方式不仅促进了公众对绿色生活的参与，也为环境保护事业注入了新的活力。蚂蚁森林的举措，是支付宝企业低碳管理者的反映。

1. 企业低碳管理者的权利与职责

管理者的权力与职责指的是他们在领导过程中所必须承担的角色，即在带领、激励和支持员工共同朝着组织目标前进的过程中，需要发挥组织、激励和控制的作用。而企业低碳管理者的权力与职责便是基于此的发散。

（1）组织功能。企业低碳管理者需要对环境进行科学的分析，根据组织内外部的条件、需要与可能，制定企业低碳目标，做出重要的决策和必要的行为规定。低碳管理者在推动企业实现低碳目标的过程中，通过有效的组织管理手段，合理地配置企业中的人、财、物，使“人尽其才”“物尽其用”“财尽其力”，确保各项低碳举措得以顺利实施，并最终达成企业可持续发展的目标。组织功能是企业低碳领导的首要功能。没有低碳管理者的组织过程，就无法合理配置企业中的人、财、物，从而难以有效地实现企业低碳战略。企业低碳管理者也需要建立并完善一整套科学的低碳管理体系，如组织系统与机构、工作制度、规章制度等，并努力使其既具有相对稳定性，又具有一定的灵活性，以适应不断变化的内外部环境。通过企业低碳管理者的组织活动，人、财、物之间的合理配置，才能实现企业的低碳目标。

（2）激励功能。激励功能是指企业在推行低碳理念的过程中，企业低碳管理者运用激励手段激发员工的积极性，促使他们主动采取低碳行动，从而共同致力于达成企业的低碳目标。达成企业低碳目标是低碳管理者的核心任务，然而，这一目标的实现不能仅凭管理者个人的努力。企业低碳管理者应依托组织框架，发挥激励效能，激发全体员工的积极性，携手合作，共同推动企业低碳目标的达成。另外，管理者的激励作用能够促进组织内部支持性和积极氛围的构建，激发员工创新思维和尝试新事物的动力，有助于员工更有效地获取新知识和技能。当员工感受到来自管理层的强烈支持时，他们会表现出更高的主动性和低碳热情，从而主动采取低碳行为。

（3）控制功能。控制功能是指企业低碳管理者对员工及整个组织活动进行管理和调控的功能。这一功能在企业追求低碳目标的过程中尤为重要，因为偏差的出现几乎是不可避免的。低碳管理者需要建立一套完善的监测系统，定期收集和分析与低碳目标相关的数据，通过现代信息技术，实现实时监控，及时发现潜在的偏差。同时，定期编制低碳报告，向上级管理层和全体员工通报目标进展情况和存在的问题，确保信息的透明和及时。同时，低碳管理者应定期进行风险评估，识别潜在的外部和内部风险，并制定应急预案，确保在突发事件发生时能够迅速应对。通过这些措施，企业可以有效管理和调控组织活动，纠正偏差，消除其产生的根源，确保实现低碳目标。

2. 管理者低碳行为的作用

（1）激励员工效仿：管理者的低碳行为会成为员工的榜样，激励员工追随、学习和效仿其环保行为。当管理者本身积极参与低碳行为，如减少能源消耗、节约用水、循环使用等时，员工会受到启发和鼓励，自觉践行低碳生活方式。

（2）塑造企业低碳文化：管理者的低碳行为在组织中起到示范作用，有助于形成积极的企业文化。当低碳意识深入组织的日常运营时，员工会更加认可和接受低碳理念，将其纳入自己的价值观念和行为准则。这样的企业文化将促使员工在工作和生活中更加注重环境保护和可持续发展。

（3）提升员工参与度：管理者的低碳行为可以提高员工对环保工作的参与度。当员工看到管理者关注低碳问题并亲自践行时，他们会更有动力参与相关的活动和倡议，积极推动企业的低碳发展。管理者的支持和参与也能够激发员工的创新意识，鼓励他们提出更多的环保建议和解决方案。

（4）外部形象塑造：管理者的低碳行为对外传递了企业的社会责任和可持续发展的形象。当管理者积极践行低碳行为，并将其作为企业战略的一部分时，可以建立起企业在社会上的良好形象，增强公众对企业的认同感和信任度。

（5）企业高层的低碳承诺：企业高层的低碳承诺表明了企业对环境保护和可持续发展的重视，为员工树立了正确的企业形象和价值观。这种承诺能够影响组织的战略决策和资源投入，推动企业向着低碳目标持续努力。

总之，管理者和企业高层的低碳行为和承诺不仅可以直接影响员工的行为和态度，还能够对整个组织的文化和战略方向产生积极的引领作用。因此，管理者和企业高层应当在实践中积极践行低碳行为，并通过言行示范来引领员工参与低碳发展，从而推动企业可持续发展和社会责任的实现。

5.2.3　企业低碳管理者的用人艺术

企业低碳管理者拥有一套科学的用人制度，不仅能为企业选出合适的员工，还能促使员工将企业低碳文化融入工作和生活中，践行企业低碳理念与要求，积极主动地带动其他员工一起践行绿色行为，以最大的热情投入到工作与低碳变革当中，把企业的低碳变革与自我的低碳发展完美结合起来。

企业可持续发展与低碳战略目标的实现离不开员工的积极参与，员工在推动环境管理和可持续发展中扮演着至关重要的角色。因此，管理者需要会用人，用好人。管理者在选拔、任用、管理和激励人才的过程中要学会使用技巧和智慧。

（1）人尽其才，知人善任：在招聘和评估过程中，通过问卷调查、面试提问等方式，识别应聘者和现有员工的环保意识和绿色行为倾向；将具有环保意识的员工安排到与环保相关的岗位，如可持续发展项目、绿色供应链管理等，使其能够充分发挥自己的优势。

（2）激发潜能：开展环保知识和技能培训，设立与环保表现相关的奖励机制，如“环保之星”“绿色团队”等，激发员工的环保热情与潜能，表彰在环保方面表现突出的员工和团队。

（3）情感管理：管理者需要关注员工的工作和生活状态，提供必要的支持和帮助，特别是与环保相关的生活建议和资源。

（4）公平公正：管理者在用人过程中要坚持公正的原则，杜绝任何形式的歧视和不公，维护员工的合法权益。

（5）绩效管理：管理者可在绩效评估中加入环保指标，如节能减排、资源循环利用等，确保员工的工作成果与企业的绿色目标相一致，并确保评估体系透明、公正，确保环保表现的评估结果客观、公平。

（6）团队建设：通过团队活动和内部宣传，营造积极的环保文化，增强团队成员之间的环保意识和合作精神。

（7）敢于授权：赋予员工足够的权力和信任，让他们能够在完成任务的过程中自主决策，强化员工的低碳责任感。

5.3 企业低碳工作设计

5.3.1 企业低碳工作设计基础

1. 企业低碳工作设计的概念

企业低碳工作设计是将低碳理念应用到组织工作设计中，通过分析企业生产运营过程中的碳排放情况、人员素质、环境条件等信息，来设计低碳员工工作内容、工作职责、工作关系等，以达到人员、岗位、环境最佳匹配的过程。

企业低碳工作设计是通过合理、高效的工作设计，降低温室气体排放，节约能源，提高资源利用效率，从而使员工在工作中感到满意、获得快乐，并提高绩效。因此，这种工作设计不仅考虑了人员、岗位和环境的匹配，也着重考虑了如何通过优化工作流程和方式，最大程度地减少对环境的负面影响，提高员工参与工作的积极性和幸福感，从而促进员工绩效的提升。这种综合考虑了环境、员工和企业利益的工作设计，有助于构建一个可持续发展的工作环境和生产模式。

2. 企业低碳工作设计的原则

（1）因事设岗与因人设岗相结合。因事设岗原则是指根据低碳工作的性质、任务需求和工作特点来设定岗位，确保岗位设置符合工作需要、岗位定位明确、权责清晰，从而提高员工低碳绩效的一种管理原则。

通过遵循因事设岗原则，组织可以更好地规划和管理人力资源，合理分配低碳任务，促进低碳行为，提高低碳绩效。在实际操作中，管理者可以根据具体的工作内容、要求和流程，制订相应的岗位设置方案，使得员工在各自的岗位上能够充分发挥自己的低碳专长，提高低碳绩效。

因人设岗是指根据员工的个人特长、技能和经验等因素来设定岗位，以便发挥他们的潜力和优势，提高工作效率和员工满意度。

通过遵循因人设岗原则，组织可以更好地发挥员工的低碳能力和绿色创造力，提高低碳绩效。这种原则也有助于培养员工的低碳意识，提高员工的低碳专业技能。在实际操作中，管理者可以根据员工的能力和经验等因素，制订相应的岗位设置方案，使得员工能够在自己的岗位上发挥出最大的潜力和优势。

在实践中，企业需要平衡因事设岗和因人设岗两种原则，需要兼顾低碳任务的完成和员工的发展。因事设岗原则适用于工作内容相对固定、流程标准化、工作任务重复性高的工作。在这种情况下，岗位的设置应该根据工作需要和任务要求来确定，以确保每个岗位的职责明确、流程清晰。而因人设岗原则更适用于高阶岗位和创造性岗位，这类岗位通常要求员工具备一定的专业技能、创新能力和解决问题的能力。在这种情况下，岗位的设置应该根据员工的个人特长、技能和经验来确定，以便充分发挥员工的潜力和优势，提高工作的创造性和效果。

（2）权责对等原则。权责对等原则是指在组织中，低碳权力和责任应该相互匹配、相互对应。责任是对低碳目标的承诺程度以及对结果的承担程度。权力则涉及对资源的调配能力和对事务的管控能力。权责对等即指拥有某项权力的人员应该对行使该项权力所产生的后果承担相应的责任。这个原则的核心思想是权力与责任相互对应，权力必须伴随着相应的责任，以保证权力的合理行使。

（3）目标一致原则。目标一致原则是指在进行企业低碳工作设计时，必须与企业战略保持一致（杨蕾，2019），确保岗位设定的任务和职责能够直接贡献到组织的战略实施中。人力资源管理的最终目标在于，通过有效整合企业的人力资源，促进企业核心竞争力的形成与发展。因此，构建一个适应企业自身特点的人力资源管理体系对于实现企业战略目标、获得竞争优势具有至关重要的作用。而在人力资源管理工作设计中，设计依据的正确选择是整个工作设计成功的关键（彭剑锋，2018）。

（4）动态性原则。在现实的人力资源管理过程中，企业是动态发展的，这决定了企业在进行低碳工作设计时，应适时根据企业的内外部环境变化进行相应的调整（杨蕾，2019）。

（5）和谐性原则。和谐性原则贯穿于企业发展的各个环节，旨在实现企业与生态环境、内部环境及市场需求等方面的和谐。这包括企业内部各部门的和谐，企业与周边居民的和谐，以及与政府机构的和谐等多个层面。在推行低碳人力资源管理时，营造低碳和谐的企业文化至关重要，它能为员工创造一个优良的工作环境，引导他们树立低碳价值观，进而促进企业与员工的共同进步与发展。（康国华，2022）。

（6）环保性原则。在传统的经营模式中，许多企业因缺乏充分的环境保护意识，导致了生产活动中的资源浪费，并给周围环境带来了严重损害，破坏了生态系统的平衡。面对低碳经济的新趋势，若想确保企业的持续健康发展，必须从内部着手，强化低碳管理的理念，并付诸实践，以达到减少能源消耗与排放的目标。在实施低碳化的人力资源管理策略时，企业应注重资源的有效利用与合理调配，通过科学的方法来规划和控制，确保碳排放最小化。同时，培养员工的环保意识，鼓励他们在工作与生活中的每一环节都践行绿色低碳的原则，这对于企业内部形成积极向上的绿色文化氛围至关重要。通过这样的努力，不仅有助于改善企业氛围，还能促进企业的长期可持续发展（康国华，2022）。

3. 企业低碳工作设计的基本方法

（1）工作轮换：在组织的不同部门或在某一部门内部调动员工的工作，旨在让员工积累更多工作技能。

（2）工作扩大化：将若干狭窄的活动合并为一项工作，扩展工作的广度和范围，这是在水平方向上进行的扩展，一定程度上拓宽了职责的内容，降低了工作的单调程度。

（3）工作丰富化：通过授权等形式，将部分管理权限下放给下级人员，赋予员工更多的责任、自主权和控制权，让员工承担更多的任务、更大的责任，并享有更高程度的自我管理。工作丰富化是在垂直方向上增加工作内容，使员工在工作中能够获得更大的挑战和成长机会。

5.3.2 企业低碳人力资源管理构建的基点——组织与人

1. 战略层面的制度安排

战略层面是低碳人力资源管理的宏观决策层，旨在最大化企业的社会效益。这一层面的核心在于，将低碳管理的各项要素融入企业的长远发展目标之中，确保其与企业的其他职能战略相协调，共同构成一个动态且多方位的一体化体系。为了有效实现这一点，低碳人力资源管理的管理者应当成为企业高层决策团队的一员，直接参与到重要战略的制定过程中，明确战略方向。这样做有助于保证低碳人力资源战略与企业总体战略之间的一致性和融合度，促进两者之间的支持和互补（李键，2010）。

2. 管理层面的制度安排

管理层面是低碳人力资源管理的微观管理层，侧重于将高层面的战略规划转化为具体的行动指南，即运营性的低碳人力资源计划。这意味着需要将整体的战略目标分解成一系列具体的任务和措施，例如，招募符合低碳标准的人才，优化组织架构，建立或调整绩效考核、薪酬体系以及员工培训项目等，从而确保这些举措能够支持企业达成其低碳目标。此层面的工作需要严格遵循由战略层确立的原则和指导方针。为了确保这些措施的有效实施，低碳人力资源管理部门的关键管理人员应当拥有相应的法定职权。这样，他们就可以根据外部环境的变化迅速做出响应，适时提出低碳人力资源配置建议，并确保各部门间的紧密合作与协调，共同推进低碳人力资源管理的实际落地和效果实现（李键，2010）。

3. 个体层面的制度安排

职位和人的变化使得组织与人之间的信息越来越不对称，这就导致以职位为核心的传统人力资源管理难以适应新时代的要求，因此，在低碳背景下，建立“职位 + 能力”的复合式人力资源管理体系是一种现实选择。

基于“职位 + 能力”的低碳人力资源管理体系有两个关键点。一是低碳人力资源系统设计必须基于对企业低碳业务结构、组织结构与流程的深刻认识与理解，在此基础上构建和设计企业的低碳职类、职种，在职类、职种的基础上进一步研究低碳职位。二是基于对企业核心低碳能力的深入理解，明确核心低碳人才团队的构成及其需要的专业技能和特长。通过对个人潜力和素质的评估，识别企业未来所需的核心竞争力，进而有针对性地培养、配置和开发低碳专业人才，强调的是精准定位人才需求，确保人才的技能与企业的发展方向相匹配，从而有效支撑企业的低碳转型和发展。企业低碳人力资源管理的制度安排如图 5-1 所示。

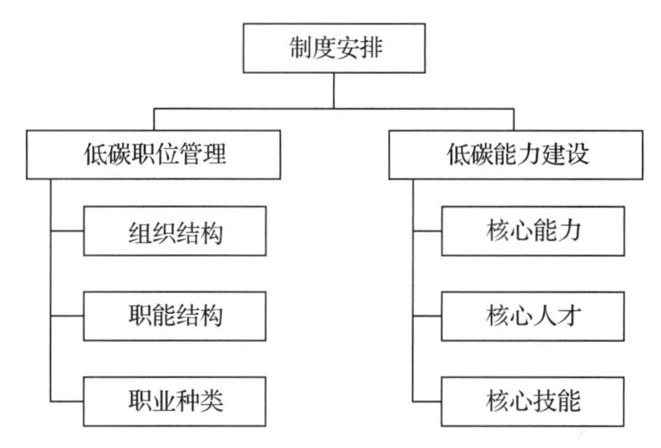

图 5-1　企业低碳人力资源管理的制度安排

资料来源：彭剑锋．人力资源管理概论 [M].3 版．上海：复旦大学出版社，2018.

5.3.3 企业低碳人力资源管理的整体组织结构

1. 组织结构类型

低碳人力资源组织结构由直线式、矩阵式向网络式、虚拟式发展。直线式、矩阵式、网络式和虚拟式低碳人力资源组织结构的优缺点如表 5-1 所示。

表 5-1 不同低碳人力资源组织结构的优缺点

维度	直线式	矩阵式	网络式	虚拟式
定义	将人力资源管理职能细分，各部门分管人力资源管理的部分功能	矩阵式有两个维度，横向是企业内部部门，如研发、生产、营销部门等；纵向是工作职能，如招聘、培训、绩效、薪资等，形成部门专业化经营的局面	通过信息技术和互联网平台，将分散在不同地点、不同部门的人力资源管理活动连接起来，形成一个高度集成、灵活响应的网络系统	基于合作的关系，借助现代信息网络技术，企业可以更有效地获取、发展和管理智力及劳动力资本，将部分低碳人力资源管理工作外包给其他专业企业
优点	人力资源管理方式灵活；重视人的因素	各部门能根据自身情况采取不同的人力资源管理策略，使人力资源和其他资源能够得到有效利用，增强沟通与协作，提高员工技能，快速响应市场变化	可提升各级人力资源管理人员的积极性，使高层管理人员能够全面了解人力资源管理状况，掌控人力资源管理的履行情况，确保各项措施得以顺利执行	把非战略性的人力资源管理职能外包，降低直接和间接成本，提高管理效率，增强灵活性，聚焦企业核心竞争力
缺点	人力资源部门往往不太受重视，主要从事行政性工作	部门之间冲突增多，协调工作量增加	机构重叠造成资源的浪费，管理成本增加；受技术限制，部分企业无力实施	容易引起本企业员工的不满；容易使企业的人才机密外泄
适用	企业规模较小时	企业规模扩大时	大型企业、跨国企业	各个类型的企业

资料来源：魏炜，李震，廖建桥．企业人力资源部组织结构探讨 [J]. 科学管理研究，2001（3）：63-67.

（1）直线式的人力资源部门将各种人力资源管理的专业职能分开，这时需要人力资源经理成为人力资源通才，把握全局工作。进一步地，直线式组织结构会将分好类的人力资源管理职能进一步细分，使人力资源管理更加有效与系统（彭剑锋，2018）。

（2）随着人工智能、大数据等数智化技术的进步，不同部门之间的减碳协作变得更加复杂。为解决这一问题，矩阵式人力资源组织结构应运而生。

（3）随着企业规模的扩展和分支机构的增多，一些大型企业开始采用网络式的人力资源组织结构。这种结构特别适用于需要高效的内部沟通和快速的市场响应的大规模企业。通过建立先进的内部通信和交流平台，网络式结构能够确保各个业务单元之间顺畅的信息流通，帮助企业更好地捕捉市场变化，灵活应对各种挑战，从而实现持续的快速增长和优异的绩效表现。

（4）将部分人力资源职能外包给其他专业企业来管理，即形成了虚拟式的人力资源组织结构。面对日益激烈的市场竞争和快速的产品迭代，企业的经营风险也在不断增加。传统意义上的“大而全”或“小而全”的企业模式已难以适应这些变化。因此，虚拟式人力资源组织结构应运而生，它能够充分利用各企业的专业优势，整合不同的竞争优势，以更高效地履行原本单一企业需要承担的所有职能。这种方式不仅有助于降低成本和风险，还能提高灵活性和响应速度，使企业在竞争中占据更有利的位置。

2. 组织结构形态变化

（1）组织结构形态由传统的多层级组织结构向扁平化组织结构发展。随着全球化和信息化程度不断加深，传统的“金字塔”式的垂直型企业组织结构模式的诸多弊端慢慢暴露出来。企业由传统的多层级组织结构逐渐向扁平化组织结构发展。传统多层级组织结构与扁平化组织结构的优缺点如表 5-2 所示。

表 5-2　传统多层级组织结构与扁平化组织结构的优缺点

维度	多层级	扁平化
定义	通过一层一层的行政隶属关系，按照内部的组织制度和行政命令来完成企业低碳人力资源管理；在集中的权力指挥协调下，由不同职能部门以标准化的程序来传递信息、执行命令、完成任务	组织在垂直方向上削减层次，也就是管理的层次在减少，管理的幅度在扩大
优点	将复杂的管理程序进行分解；信息流垂直传递，程序标准化	灵活高效；减少官僚主义；加强内部沟通
缺点	信息传递和管理决策时间较长，成本较高，不利于及时、准确地做出经营决策；信息在传递过程中会有损失	企业管理部门的数量和管理人员队伍会相对减少；对人力资源的质量提出了更高要求；对企业的员工素质和能力提出了重要挑战

资料来源：胡浩志 . 企业组织结构与企业专用性人力资本投资研究 [J]. 求是学刊，2014，41（6）：71-76.

首先，中间管理层的复杂性严重妨碍了企业决策的高效性和信息传递的畅通性；严格的等级制度抑制了员工的创新精神和工作热情。其次，随着市场环境的变化，如竞争加剧、客户需求趋向多样化和个性化以及科技进步对企业快速响应能力的要求不断提高，传统的组织结构面临着巨大挑战。与此同时，信息技术的发展为组织结构的扁平化提供了技术支持，新的技术手段使得信息能够跨越层级直接传递。因此，组织结构的扁平化成为顺应时代发展和技术进步的一种必然趋势（熊延椿，2016）。组织结构扁平化后，减少了管理层级，降低了人力成本，同时也激发了基层员工的积极性、主动性和创新性，有利于人才的培养和发展。更重要的是，这种结构缩短了高层与基层之间的信息交流路径，提高了信息传递的速度和效率，增强了整个组织对外界变化的快速响应能力（陈玉豪、司江伟，2004）。

（2）成立推动低碳的领导组织机构，形成低碳管理网络。首先，在组织内部应成立相应的管理职能部门，对企业生产经营的全程进行分解、控制与监督；其次，各职能部门应指定专人负责监督低碳措施的执行情况，并及时向专业职能部门汇报在生产过程中遇到的问题；最后，在企业内部设立专门的低碳管理部门，并设置专门的低碳管理主管和低碳管理专员，从而实现对企业内部生产和日常工作过程的全程管理低碳化，形成企业内部低碳管理网络（见图 5-2）。

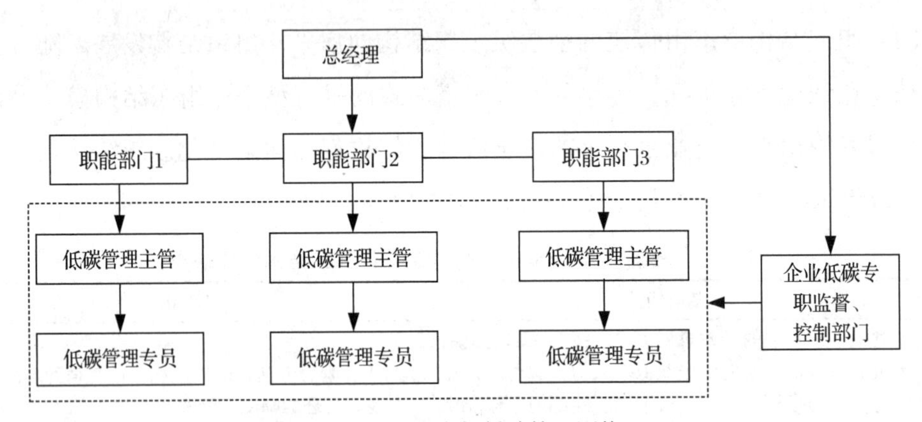

图 5-2　企业内部低碳管理网络

资料来源：王丹丹．低碳管理：基于组织合法性的企业低碳管理模式构建 [M]. 北京：人民邮电出版社，2016.

本章小结

本章介绍了企业员工的低碳行为、企业管理者的低碳行为和企业低碳工作设计。本章总体框架如图 5-3 所示。

1. 在企业低碳运行机制中，企业员工的低碳行动是基础力量。员工在日常工作中践行低碳办公，如节约水电、减少纸张浪费等，这些微小的行为汇聚起来，能产生显著的低碳效益。企业管理者的低碳行为则起到引领示范的作用，管理者积极参与低碳决策、推动企业低碳战略实施，为员工树立良好榜样，激发员工的低碳积极性。企业低碳工作设计从宏观层面规划，合理安排工作流程和资源配置，使各项工作在低碳的框架内高效开展，三者相互配合，共同推动企业的低碳进程。
2. 企业员工的低碳行动、企业管理者的低碳行为、企业低碳工作设计从不同角度出发，共同构建了企业低碳运行的完整体系。员工的低碳行动为体系注入活力，管理者的低碳行为保障体系的方向正确，低碳工作设计为体系提供坚实架构。通过这种全方位的构建，企业能够有效整合资源，优化业务流程，在降低碳排放的同时，提升企业的运营效率和可持续发展能力。

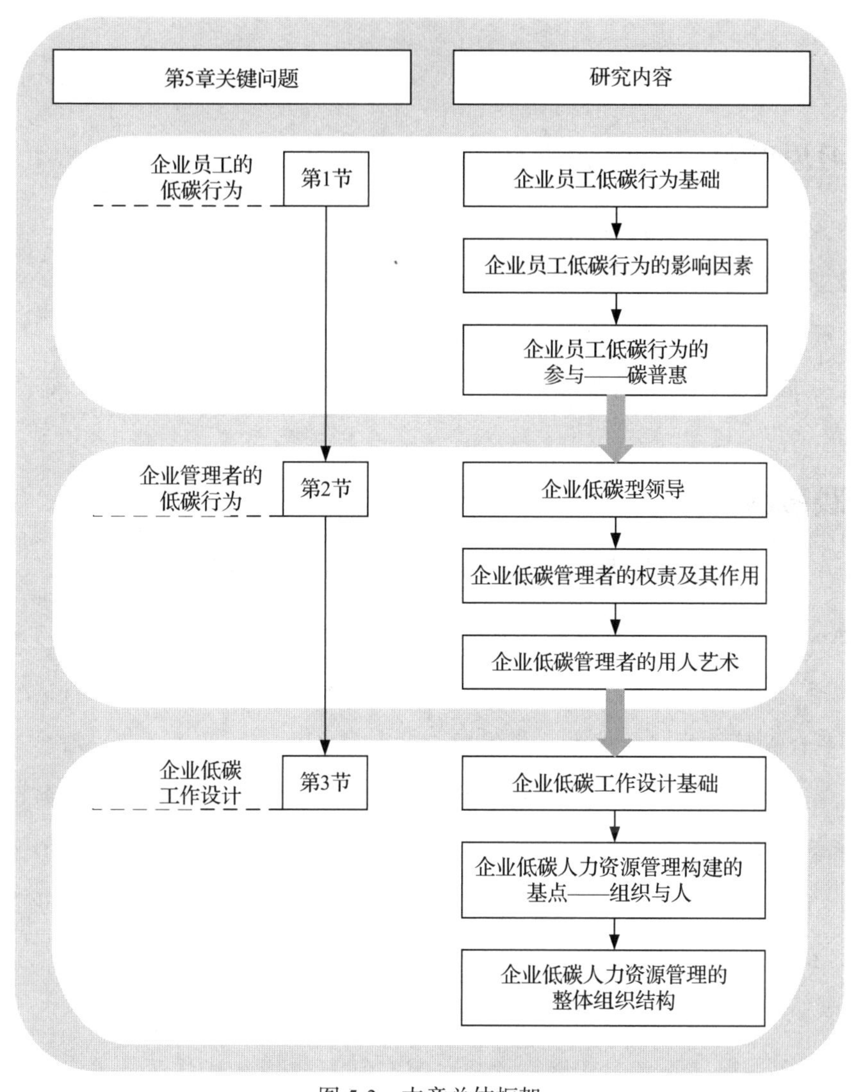

图 5-3　本章总体框架

3. 随着国家和社会对低碳要求的不断提高以及企业自身可持续发展的需求，企业低碳运行机制需要持续完善。企业应定期评估员工低碳行动的执行效果、管理者低碳决策的落实情况以及低碳工作设计的合理性，根据评估结果及时调整优化，确保企业低碳运行机制始终适应时代发展和企业发展的需求，助力企业在低碳发展道路上稳步前行。

关键术语

低碳行为

领导风格

工作设计

复习思考题

1. 企业员工低碳行为的影响因素有哪些？

2. 企业不同的低碳型领导亦有不同的作用影响，请概括责任型领导、绿色变革型领导、可持续型领导、绿色正念型领导作用影响的异同。

3. 企业低碳工作设计原则有哪些？

实践案例

员工碳减排数智化管理平台助力浦发银行绿色办公

近期，妙盈科技旗下的碳普惠平台“绿喵”依托其自主研发的员工碳减排管理平台和碳普惠解决方案的产品与实践能力，与浦发银行联合打造了“我的碳足迹平台”。该平台以倡导员工低碳办公为基础，开发绿色出行、低碳差旅、日常采购、线上会议、光盘打卡、办公打印等绿色场景，并基于碳排放因子和方法学科学计算员工碳减排量，量化其减碳效果。全球经济低碳转型的大趋势、我国“3060 双碳”战略目标、“1+N”政策体系、不断加强的监管及披露要求都在推动我国商业银行关注自身 ESG 的表现。

“绿喵”的员工碳减排管理平台实质是企业级个人碳账户管理平台，助力企业客户高效管理员工碳减排行为和数据。该平台产品能帮助企业推动人员经营活动中的节能减排，在数据积累、年度披露和优化社会责任绩效等方面进一步赋能企业低碳战略的实施。

在我国“双碳”目标和“1+N”政策体系的指引下，绿色低碳转型将成为一切经营活动的重点工作，并成为企业可持续发展的核心逻辑。在此背景下，商业银行需要通过调整业务发展重点领域、加强气候环境风险管理以及持续提升自身表现来快速实现企业的可持续转型，支持企业提升绿色、低碳发展管理水平和创新能力。

“绿喵”是妙盈科技与浦发银行在办公碳普惠领域开展的一次有益尝试，有效助力了绿色办公可持续。未来，“绿喵”将持续积极倡导绿色低碳生活和绿色经营行为，链接个人、企业、机构等多方力量构建可持续生态，打造“人人可为、人人愿为、人人能为”的碳普惠服务平台。

资料来源：员工碳减排数智化管理平台助力浦发银行绿色办公，中国日报网，2023 年 5 月 24 日。

参考文献

1. 唐贵瑶，陈琳，孙玮等。如何让员工“爱司所爱，行司所行”？基于社会信息处理理论的绿色人力资源管理与员工绿色行为关系研究 [J]. 南开管理评论，2021，24（5）：185-193.

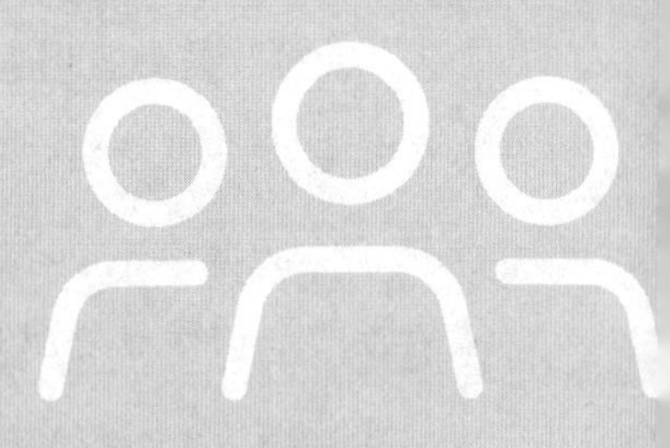

第6章 CHAPTER 6 企业低碳经济政策法规和劳动关系管理

引例

中央企业节约能源与生态环境保护监督管理办法

国务院国资委2022年8月3日印发的《中央企业节约能源与生态环境保护监督管理办法》(以下简称《办法》)指出，中央企业应严格遵守国家和地方人民政府节约能源与生态环境保护的相关法律法规、政策和标准，自觉接受社会监督，有效控制能源消费总量，持续提升能源利用效率，减少污染物排放，控制温室气体排放。

《办法》指出，国资委对中央企业节约能源与生态环境保护实行动态分类监督管理，按照企业所处行业、能源消耗、主要污染物排放水平和生态环境影响程度，对中央企业进行分类管理。《办法》要求，中央企业应积极践行绿色低碳循环发展理念，将节约能源、生态环境保护、碳达峰碳中和战略导向和目标要求纳入企业发展战略和规划，围绕主业有序发展壮大节能环保等绿色低碳产业。

资料来源：中央企业节约能源与生态环境保护监督管理办法，国务院国资委网站，2022年8月3日。

6.1 企业低碳经济政策法规

在可持续发展的时代潮流下，“低碳”是其衍生出的一个全新概念。近年来，全球“双碳”工作持续推进，相关政策法规、体系制度不断健全完善。在联合国《2030年可持续发展议程》的指引下，企业低碳化的人力资源管理成为全球企业谋求长期发展的必然选择。《浅析企业实行低碳管理的重要性》一文中，对企业低碳管理进行了如下定义：企业低碳管理是指以节约资源和能源、减少污染为核心目标的一系列管理活动。低碳管理实际上是现代社会生产和生活方式变化在企业经营管理上的反映，是国民经济的可持续发展和人民生活质量提高的必然途径。在各种力量的推动下，低碳管理作为一种全新的管理理论和方式，必将成为未来企业经营管理的主要模式。

从战略角度来讲，人力资源是企业发展壮大的一种长期财富。传统意义上的人力资源管理以“事”为中心，人力作为运作和经营企业各项事务的资源之一，被视作产出过程中的成本。因此，企业需要采取精简人员组成、降低人力成本的策略来提高产出率，追求企业利润的最大化，而忽略了“人”本身的创造价值。现代人力资源管理摒弃了“事”先于“人”的片面思维，转而以“人”为中心，冲破了传统人事管理的约束，重视人的创造价值，将人视为企业的一种重要资源进行利用和管理，人力资源为“第一资源”的理念成为越来越多企业的选择。当下随着可持续发展热度的上升，社会、国家和消费者对企业商业活动提出了更高的要求，期望其在追求经济利益的同时保证与社会环境、员工个人发展之间的平衡。综上可知，企业人力资源的低碳管理将成为一个炙手可热的话题。

国内学术界对“低碳管理”的观点主要有以下几种：第一种观点主张，企业低碳管理的精髓在于培育低碳理念，采纳低碳技术，实施低碳推广策略，并以获取官方低碳认证为衡量指标，旨在达成经济效益与生态保护的双重目标；第二种观点认为，低碳管理是企业在经营管理中树立减碳意识，以满足社会可持续发展要求，从而实现经济效益、社会效益与环境保护效益的有机统一；第三种观点着重指出，企业在低碳管理中应聚焦于生命、资源与环境的保护，目标是在制造流程中降低环境污染、提高资源利用效率，并开发低碳型产品与服务，以此增加低碳市场的占有率，并塑造企业的低碳品牌形象；第四种观点指出，低碳管理是企业在消除和减少产品碳排放量的前提下开展的一系列减碳行动。

总之，企业通过实施低碳管理，建立低碳发展战略，采取低碳经营管理策略，制订低碳营销方案等具体措施，遵守以这些理念为核心的具有时代特征的政策法规，有效规范和约束企业的人力资源管理，从而加速企业低碳文化的形成，推动低碳技术和低碳生产，生产出符合公众低碳需求的产品，实现企业的低碳化管理。

6.1.1 企业低碳经济的国际政策及法律法规

为实现企业低碳人力资源和劳动关系管理，国内外均制定了一系列标准、政策及法规。联合国近年来高度重视减排工作，并发起了获得全球共识的“奔向零碳”行动。“奔向零碳”行动于2020年6月5日“世界环境日”当天启动，旨在汇集企业、城市、区域、投资者和企业的力量与支持，共同应对气候变化、实现包容和可持续的绿色增长。《联合国气候变化框架公约》秘书处表示，“奔向零碳”行动启动一周年内，中小企业的参与数量增加了十倍，金融机构的参与数量也增加了五倍。英国富时100指数中有超过40%的企业都已加入了这一行动，知名企业包括微软、苹果等。

《联合国气候变化框架公约》前执行秘书埃斯皮诺萨在行动发起一周年之际表示：“在短短一年的时间里，‘奔向零碳’行动已经表明，全球的非政府参与方拥有空前的动力，要尽快实现气候目标，将《巴黎协定》的承诺变为现实。我为已经参与这一行动的4 500多个企业、城市、区域，以及金融、教育和医疗机构鼓掌喝彩，同时敦促全世界都加入我们的行列，共同努力实现到2030年减排50%的目标。”

在众多积极参与联合国有关“双碳”活动的非政府组织和机构中，工业领域的企业和跨国企业占有重要地位。这表明，低碳管理已成为全球企业战略中的重要组成部分。针对国外低碳发展战略的实施情况，本书以欧盟、法国、英国、美国、加拿大为代表逐一详细列举。

1. 欧盟

作为全球首个提出碳中和目标的大型经济体，欧盟于2018年11月首次提出了2050年气候中和愿景，并构建了一个较为完善的碳中和政策框架，如颁布《欧洲新工业战略》《循环经济行动计划》等战略规划。为促进能源系统转型，欧盟在提高能源效率、发展可再生能源、利用与封存（CCUS）等领域采取联合行动。一方面，通过用可再生能源替代化石能源，不断提升电气化水平，推动能源系统向低碳化转型。

另一方面，欧盟建立了全球领先的碳交易系统。

2. 法国

为解决全球气候变化问题，法国将2050年实现碳中和上升至国家战略层面，制定并出台《法国国家低碳战略》，从国家和地区治理、碳足迹管理、经济发展、研究与创新、城市规划和发展、公民教育的法律承诺、就业与教育培训等各个领域，全面推进碳中和战略。《法国国家低碳战略》旨在实现两个目标：一是2050年达到碳中和，二是减少法国民众的碳足迹。其中，2050年达到碳中和是指实现法国全国温室气体排放与人类管理的自然环境（林地、草地、农业土壤、湿地等）和通过某些工业程序（碳捕获、储存和再利用）吸收温室气体之间的平衡。减少碳足迹是指减少整个法国民众消费相关的碳排放，包括进口商品和服务的生产、运输相关的碳排放。

法国将低碳目标细化至交通、房屋建筑、农业、工业、能源生产和垃圾处理六个领域。在交通领域，法国制定的目标是2030年减碳28%，2050年除飞机外达到碳中和；主要举措包括2030年平均油耗降至4L/100km，新能源汽车销售占比于2030年达到35%，2040年达到100%，禁卖非电动车，控制出行，优化用车，增加低碳运具市场份额等。在房屋建筑领域，法国制定的目标是2030年减碳49%，2050年达到碳中和；主要举措包括利用无碳能源、促进房屋翻新、提高房屋能效、提倡低碳生活方式等。在农业领域，法国制定的目标是2030年减碳18%，2050年减碳46%；主要举措包括提倡生态农业，降低肥料利用，提倡低碳农业，降低能源和物质消耗的碳排放，提倡健康食品，减少食品浪费等。在工业领域，法国制定的目标是2030年减碳35%，2050年减碳81%；主要举措包括支持企业低碳生产系统转型，加大低碳制造工艺的研发力度，大幅提高能源效率，使用无碳能源，通过发展循环经济来减少原材料的需求等。在能源生产领域，法国制定的目标是2030年减碳33%，2050年减碳100%，达到碳中和；主要举措包括通过提高能源效率和节制能源消耗来管理能源需求，实施能源结构的脱碳和多样化，开发可再生能源，从2022年起逐步淘汰煤炭发电和煤炭制热等。在垃圾处理领域，法国制定的目标是2030年减碳35%，2050年减碳66%；主要举措包括在产品设计阶段防止产生废物，促进循环经济产品的再利用和修复，改进废物收集和管理，提高处理系统的效率等。

3. 英国

英国在2008年通过了《气候变化法案》，成为全球首个以法律形式明确设定减排目标的国家，并针对关键行业制定了详细的减排战略。2021 年，英国启动 10 亿英镑的净零创新投资组合计划，重点支持海上风电、储能与灵活性、氢能、工业燃料转换等领域的低碳技术研发。在技术方面，英国通过收集大型发电厂、钢铁厂等排放源产生的二氧化碳，采用多种技术将二氧化碳进行存储，使单位发电碳排放量减少 85% ～ 90%。在能源方面，英国的运输和取暖等部门全部实施电气化，同时宣布在其 10 亿英镑净零创新投资项目中，增加对海上浮式风力发电、绿色能源存储系统、能源作物和林业等技术的研发投资。在金融方面，英国将建立“碳市场工作小组”，旨在将英国伦敦金融城打造成世界领先的自愿碳市场。

4. 美国

美国长期以来致力于清洁能源创新技术的研究以及碳达峰和碳中和的战略部署，陆续发布了《美国能源创新法案》《建设现代化、可持续的基础设施与公平清洁能源未来计划》和《迈向 2050 年净零排放的长期战略》等政策。这些政策详细阐述了美国在 2050 年前实现净零排放的长期规划和技术路径，并公布了实现碳中和目标的具体时间表和技术路线图。美国实现碳中和目标包括三个阶段：第一个阶段是到 2030 年，总排放量下降到大约 32 亿～ 33 亿吨左右；第二个阶段是到 2035 年，实现 100% 清洁电力目标；第三个阶段是到 2050 年，实现净零排放目标，即实现碳中和。在技术方面，美国主要通过以下五个关键技术的转型支撑实现碳中和目标：电力完全脱碳；促进终端电气化和清洁能源替代；节能与提高能效；减少甲烷和其他非二氧化碳温室气体排放；大规模去除二氧化碳，通过实施土壤碳汇和工程除碳策略，从大气中持续移除二氧化碳，以达成净零排放目标。

5. 加拿大

为实现碳中和目标，加拿大于 2020 年 11 月颁布了《净零排放问责法案》，通过立法确立国家减排目标，并要求相关部门制订国家减排计划，其中包括温室气体减排目标与措施、各行业及政府的减排方案等内容。2020 年 12 月，加拿大发布了政府增强版气候计划——“健康的环境和健康的经济”，在推广节能建筑、扩大清洁电力供应、逐年提高碳税、建立清洁产业优势、发展可持续性农业等五大支柱政策的支持下，重点关注能显著减排的经济领域，并将政策和资金向这些关键领域倾斜，以促进清洁能源的发展。

6.1.2　企业低碳经济的国内相关政策及法律法规

2021年4月30日，习近平总书记在中央政治局第二十九次集体学习上强调，实现碳达峰、碳中和是我国向世界作出的庄严承诺，也是一场广泛而深刻的经济社会变革，绝不是轻轻松松就能实现的；各级党委和政府要拿出抓铁有痕、踏石留印的劲头，明确时间表、路线图、施工图，推动经济社会发展建立在资源高效利用和绿色低碳发展的基础之上。2021年12月8日，习近平总书记在中央经济工作会议上强调，推进碳达峰碳中和是党中央经过深思熟虑作出的重大战略决策。2022年1月24日，习近平总书记在中央政治局第三十六次集体学习时强调，必须深入分析推进碳达峰碳中和工作面临的形势和任务，充分认识实现“双碳”目标的紧迫性和艰巨性。

党中央、国务院高度重视“碳达峰碳中和”重大战略部署的贯彻落实，先后出台了一系列政策文件，如《关于加快建立健全绿色低碳循环发展经济体系的指导意见》《2030年前碳达峰行动方案》等，并将落实2030年应对气候变化国家自主贡献目标写入《中华人民共和国国民经济和社会发展第十四个五年规划和2035年远景目标纲要》。

针对国内各地区“双碳”战略实施情况，本书以东北地区、北京市、山东省、上海市、浙江省、广东省为代表逐一详细列举。

1. 东北地区

东北地区关于碳达峰碳中和的“十四五”发展目标与规划如表6-1所示。

表6-1　东北地区关于碳达峰碳中和的“十四五”发展目标与规划

省份	“十四五”发展目标与规划
辽宁	围绕绿色生态，单位地区生产总值能耗、二氧化碳排放达到国家要求；能源综合生产能力达到6 133万吨标准煤
吉林	巩固绿色发展优势，加强生态环境治理，加快建设美丽吉林
黑龙江	推动创新驱动发展实现新突破，争当共和国攻破更多“卡脖子”技术的开拓者

2. 北京市

《北京市生态环境局关于北京市低碳出行碳减排项目设计文件的公示》指出，项目以碳交易作为绿色出行的奖励基础，鼓励机动车主停驶减排，绿色出行。项目将机动车的停驶行为按照标准核算成碳减排量，对机动车主的停驶行为进行量化，并按照碳减排量给予机动车主等额的减排奖励，碳减排量的拥有权归属于平台运营单位。本项目为机动车主自愿参与碳减排交易提供了平台，为解决机动车污染问题提供了一种市场化的激励机制。

《北京市"十四五"时期制造业绿色低碳发展行动方案》指出，到2025年，制造业中高精尖产业的比例将进一步增加，新能源和可再生能源的推广应用将持续扩大，化石能源的比重将逐步下降，能源资源的利用效率将得到显著提升，若干前沿的低碳与负碳工艺技术将实现示范应用。

《北京市生态环境局关于在建设项目环境影响评价中试行开展碳排放影响评价的通告》指出，以实现北京市碳达峰、碳中和为总体目标，推动绿色低碳可持续发展，助力产业能源结构优化升级，在建设项目环境影响评价中引入碳排放影响评价，在环境影响评价文件中增加碳排放相关内容。结合建设项目基本情况，开展碳排放量和排放强度核算，依据碳排放管控目标开展评价，进行减污降碳环保措施分析并提出碳减排措施和建议，提出碳排放管理与监测计划，推动减污降碳协同共治。

《北京市"十四五"时期低碳试点工作方案》指出，到2025年，筛选出一批成熟可推广的先进低碳技术，培育一批碳绩效领先的低碳领跑者企业和公共机构，建设一批特色鲜明、绿色低碳的气候友好型区域，凝练总结一批综合性气候投融资政策工具，为研究制定减缓和适应气候变化政策、法规、标准积累经验、提供支撑，为带动全社会践行低碳生产、生活方式提供可借鉴、可复制的样板。

3. 山东省

《济南市"十四五"绿色低碳循环发展规划》指出，到2025年，全市将在绿色低碳循环发展方面取得阶段性进展，基本建立绿色低碳循环发展的经济体系，形成覆盖全社会的资源循环利用体系。

《山东省高耗能高排放建设项目碳排放减量替代办法（试行）》明确了"两高"（高能耗、高污染）行业范围，主要包括炼化、焦化、煤制液体燃料、基础化学原料、化肥、轮胎、水泥、石灰、沥青、防水材料、平板玻璃、陶瓷、钢铁、铁合金、有色、煤电等16个行业上游初加工、高耗能高排放环节新建（含改扩建和技术改造，环保节能改造、安全设施改造、产品质量提升等不增加产能的技术改造项目除外）投资项目。"两高"行业范围根据相关要求动态调整。

《山东省人民政府办公厅关于推动"两高"行业绿色低碳高质量发展的指导意见》指出，以2020年为基期，到2025年全省"两高"行业科学化、精准化管理水平大幅提高，监管服务体系运转高效，能耗强度评价机制健全，行业的整体能效水平显著提高，碳排放强度明显降低，绿色低碳发展能力显著增强，质量效益水平明显改善，达到标杆水平的产能比例超过 30%，为实现碳达峰碳中和目标提供有力支撑。

《山东省大型活动碳中和实施方案（试行）（征求意见稿）》倡导抵消产品。大型活动组织者为抵消活动温室气体的排放量，应购买碳配额、碳信用或新建林业海洋项目产生碳汇量。其中，新建林业海洋项目用于碳中和之后，不得再作为温室气体自愿减排项目或者其他减排机制项目重复开发，也不可再用于开展其他活动或项目的碳中和。鼓励通过社会捐赠碳配额、碳信用的方式支持大型活动碳中和。

4. 上海市

上海市关于碳达峰碳中和的方案与主要内容如表 6-2 所示。

表 6-2　上海市关于碳达峰碳中和的方案与主要内容

方案	主要内容
《上海市印发工业和通信业节能降碳“百一”行动计划（2022—2025）》	工业和通信行业的用能企业将在绿色转型方面取得显著进展
《上海市 2022 年碳达峰碳中和及节能减排重点工作安排》	要加快能源产业的绿色升级，促进工业的低碳转型，推动城乡建设的绿色发展，构建完善的绿色交通体系，提升循环经济产业的水平，加快碳中和基础研究和前沿技术的布局，巩固和提升碳汇能力
《关于发布上海市 2022 年度“科技创新行动计划”科技支撑碳达峰碳中和专项项目申报指南的通知》	对标碳中和国际前瞻技术进展，加强学科交叉融合，开展碳中和变革性、颠覆性的科学自由探索
《上海关于严格能效约束推动我市重点领域节能降碳的实施方案》	到 2025 年，上海市规模以上工业增加值的能耗将比 2020 年降低 14%；到 2030 年，上海市重点行业能源资源利用效率、整体能效水平和碳排放强度达到国际先进水平

5. 浙江省

《台州市财税支持碳达峰碳中和工作实施意见》指出，到 2025 年，将初步建立一个有利于绿色低碳发展的财税政策框架，以支持各行业加快绿色低碳转型，并在多个领域、层级和多样化的低碳零碳发展模式上取得突破。

《中共杭州市委杭州人民政府关于完整准确全面贯彻新发展理念做好碳达峰碳中和工作的实施意见》详细指出，到 2025 年，碳达峰、碳中和政策体系基本建立，经济社会发展全面绿色低碳转型取得明显进展，科技创新和制度创新取得显著成效。到 2030 年，高质量实现碳达峰，碳达峰、碳中和数智治理体系基本建成，产业结构和能源结构优化取得阶段性成果，绿色低碳技术取得关键突破，能源利用效率、二氧化碳排放水平处于全国前列。

浙江省为全力推进工业节能降碳技术改造，加快先进工艺、技术、装备的推广应用，在各市、省级有关行业协会推荐的基础上，《第一批浙江省工业节能降碳工艺、技术、装备和工程解决方案服务商名单》经专家评审并向社会公示，确定杭州杭氧膨胀机有限公司“化工尾气透平膨胀机”等27项工业节能降碳工艺、技术和装备以及浙江中控技术股份有限公司等29家工程解决方案服务商名单。

《浙江省林业固碳增汇试点建设管理办法》指出，试点工作以巩固提升林业碳汇能力为目标，通过技术创新、机制创新和数字化手段，探索林业碳汇能力巩固提升路径，形成一批可复制、可推广的林业固碳增汇发展模式和典型经验。

6. 广东省

广东省关于碳达峰碳中和的方案与主要内容，如表6-3所示。

表6-3 广东省关于碳达峰碳中和的方案与主要内容

方案	主要内容
《广东省碳普惠交易管理办法》	碳普惠方法学上报途径
《深圳市生态环境局关于做好2021年度碳排放权交易履约工作的通知》	增加深圳市碳排放管控单位
《深圳排放权交易所有限公司碳排放权现货交易规则（征求意见稿）》	碳排放权交易方式
《深圳市居民低碳用电碳普惠方法学（试行）》	以碳普惠方法学发展为目标的数据获取方式
《深圳市碳排放权交易管理办法》	碳排放控制与监督具体措施和规定

不难看出，从党中央的正确决策部署到地方有效政策的积极响应，全国各领域都在逐步有序开展“减排”“低碳”工作，为企业低碳管理营造有利氛围。

6.2 企业低碳经济的劳动关系

劳动关系是指劳动者与用人单位基于劳动合同建立的法律关系，涉及工作内容、条件、报酬等权利义务，即双方当事人通过特定的劳动法律规范所规定和确认的权利与义务的联系，其权利和义务的实现由国家的强制力进行保障。

6.2.1 劳动关系的内涵

劳动是指劳动者运用自身的劳动力，与生产资料相结合，进行生产活动的过程。在这一过程中，劳动力是指劳动者的体力和脑力，生产资料则包括劳动工具、原材料、土地等物质条件。劳动关系体现了劳动者与生产资料之间的结合关系，劳动者通过劳动将生产资料转化为产品或服务，实现价值的创造和增值。这种结合关系是生产过程中最基本、最重要的关系，它决定了生产力的发展水平和生产效率，同时也是劳动者实现自身价值和社会地位的重要途径。

劳动关系的主体之间既存在法律上的平等性，也具有客观上的从属关系。一旦劳动关系建立，劳动者便成为用人单位的成员。因此，尽管双方的劳动关系是基于平等自愿和协商一致的原则建立的，但在关系确立后，双方在职责上便形成了从属关系。用人单位合理使用劳动力，劳动者则按照用人单位的要求完成生产任务，并遵守单位内部的规章制度。

劳动关系是劳动者与用人单位之间基于劳动合同而形成的法律关系。这种关系包含劳动者提供劳动力、用人单位支付报酬，劳动者对用人单位的人身隶属性，如遵守用人单位的规章制度。劳动关系中的人身关系特征，要求用人单位尊重劳动者的人格尊严和合法权益，而劳动者则需要履行忠诚义务，双方基于相互信任和依赖开展合作。

劳动关系具有排他性。作为自然人的劳动者在同一时间只能与一个用人单位签订劳动合同并建立劳动关系。关于低碳企业劳动争议的处理原则，与传统常规企业的处理原则并无明显差异。

6.2.2　劳动争议的处理原则

1. 合法原则

解决争议时应遵循法律程序，按照法律规定的权利和义务来处理争议，确保遵循正确的法律顺序：有法律时依照法律，没有法律时依照法规，没有法规时依照规章，没有规章时依照政策。

2. 公正原则

这一原则主要应体现在两个方面：一方面要将劳动争议当事人置于平等的法律地位，任何一方当事人都不得有超越另一方当事人的特权；另一方面应注意依法保护劳动关系中的弱者，即劳动者。这与依法保护劳动关系双方合法权益的宗旨是一致的，因为它们共同的基点是依法。

3. 及时原则

劳动争议处理遵循及时原则，即要求争议双方在发生劳动争议后，应及时采取措施，通过协商、调解、仲裁或诉讼等途径，尽快解决争议，以减少双方损失，维护劳动关系的和谐稳定。该原则强调争议处理的时效性，避免争议久拖不决，影响劳动者权益和企业正常运营。

4. 着重调解原则

着重调解是处理劳动争议的基本手段，并且贯穿劳动争议处理的始终。根据《中华人民共和国企业劳动争议处理条例》的规定，处理劳动争议，应当遵循下列原则：着重调解，及时处理；在查清事实的基础上，依法处理；当事人在适用法律上一律平等。进行调解时应注意，必须遵循自愿原则，必须坚持合法、公正原则。

6.2.3 劳动争议的处理方式

1. 协商解决

协商是指劳动者与用人单位在问题发生后，通过私下沟通的方式解决争议问题，是双方当事人应首先选择的解决争议的途径。需要注意的是，协商不是处理劳动争议的必经程序，应以双方当事人自愿为基础。

2. 申请调解

调解程序是指争议双方在中立第三方的协助下，通过沟通和协商达成和解的过程，旨在促进双方理解，寻找共识，避免诉讼，节省时间和成本，维护良好关系。根据《中华人民共和国劳动法》相关规定，企业可设立劳动争议调解委员会来处理劳动争议。该委员会的成员可由企业、员工和工会代表构成。与协商程序类似，调解是基于自愿的原则进行的，并且调解结果没有强制执行力。如果一方反悔，可以选择向仲裁机构提出仲裁申请。然而，若工会与企业因履行集体合同发生争议，则不适合向调解委员会申请调解，当事人应直接申请仲裁。

3. 申请仲裁

仲裁裁决一经做出，就具有法律效力，若用人单位未履行裁决，劳动者可以向法院申请强制执行，涉及集体合同签订的争议由劳动保障行政部门与相关方面协商处理，不可通过仲裁解决。其他劳动争议必须经过仲裁程序，法院不予受理未经仲裁的案件。

4. 提起诉讼

根据《中华人民共和国劳动法》第八十三条规定：“劳动争议当事人对仲裁裁

决不服的，可以自收到仲裁裁决书之日起十五日内向人民法院提起诉讼。一方当事人在法定期限内不起诉又不履行仲裁裁决的，另一方当事人可以申请人民法院强制执行。”

6.3　企业低碳经济劳动合同的有效管理

高效的劳动合同管理制度不但可以规范用人单位行为，维护用人部门和劳动者在劳动合同签订、履行、变更、解除、终止中的权利和义务，而且可以弥补用人单位与劳动者过去签订的劳动合同不规范、不完整的缺陷。企业低碳经济劳动合同和一般企业相同，都需要考虑以下问题。

（1）劳动合同是劳动开展的前提保障。明确规定全部新聘用的员工入职后首先签订劳动合同，否则不办理入职手续，不安排入职培训，更不得安排工作，并视为新聘用员工拒绝受雇，用人单位签发的录用通知作废，以避免使用未签订劳动合同的员工，产生劳动争议。

（2）明确规定有固定期限的劳动合同到期时是否续签的程序。若合同未及时续签，很可能出现使用无劳动合同员工的情况，这个责任往往在用人单位。《中华人民共和国劳动合同法》规定，当第二次有固定期限的劳动合同到期时，用人单位和劳动者未及时续签劳动合同的后果更为严重。为了防止发生因劳动者不配合而导致劳动合同未能及时续签的情况，用人单位可以在《劳动合同管理制度》中规定，若用人单位与劳动者均有续签合同的意向，应在合同到期之前完成签署程序。逾期未能完成合同续签程序的，视为劳动者不同意续签劳动合同，劳动合同到期正常终止。

（3）《中华人民共和国劳动合同法》第三十八条规定，劳动者以用人单位有过错为由单方面解除劳动合同，可以不提前通知，同时用人单位还须承担支付经济补偿金的责任，这对用人单位风险较大，用人单位可在不违反法律禁止性规定的前提下，在企业《劳动合同管理制度》中对劳动者设定必要的要求。比如，劳动者根据《中华人民共和国劳动合同法》第三十八条第一款，以用人单位有过错为由单方面解除劳动合同时，应事先书面告知用人单位。

（4）《中华人民共和国劳动合同法》生效后，淘汰不合适劳动者的最经济、最方便的机会就是当第一次有固定期限的劳动合同到期时。因此，用人单位可以在《劳动合同管理制度》中设计第一次有固定期限劳动合同到期前较严格的考核条件，谨慎向员工发出续签劳动合同的意向书。

6.4　企业低碳经济劳动争议及科学处理

在企业低碳管理转型的时代浪潮中，重工业或污染较为严重的企业面临更为严峻的挑战。此类企业中的员工长期在带有污染性物质的环境中工作，患呼吸系统疾病、皮肤病等的概率大幅上升。对此，企业对《中华人民共和国企业劳动争议处理条例》等一系列处理劳动争议的法规的理解至关重要。企业在低碳管理过程中面临劳动争议的处理时，必须严格遵循《工伤保险条例》等相关法律法规，科学妥善处理劳动纠纷与争议。

此外还应注意，企业中劳动争议调解委员会的调解工作应遵守以下原则。

（1）依据法律、法规、规章和政策进行调解。

（2）在双方当事人自愿平等的基础上进行调解。

（3）尊重当事人的诉讼权利，不得因未经调解或调解不成而阻止当事人申请仲裁和诉讼。

本章小结

本章的总体框架如图 6-1 所示。

1. 在企业低碳人力资源管理方面，国内外相关政策和法规制度建设都已取得了较为丰富的成果，并积极进行进一步的规划。
2. 劳动关系的具体特征：
   （1）劳动关系是一种劳动力与生产资料的结合关系；
   （2）劳动关系主体之间具有法律上的平等性和客观上的隶属性；
   （3）劳动关系是人身关系；
   （4）劳动关系具有排他性。
3. 劳动争议处理的主要原则：合法原则、公正原则、及时原则、着重调解原则。
4. 劳动争议的主要处理方式：协商解决、申请调解、申请仲裁、提起诉讼。这四种方式具有递进意义。需要注意的是，劳动争议仲裁是强制性的必经程序，法院不予受理未经仲裁的案件。
5. 企业低碳人力资源管理、劳动合同管理、劳动争议科学处理都要严格遵循国内国际相关法律法规的规定。

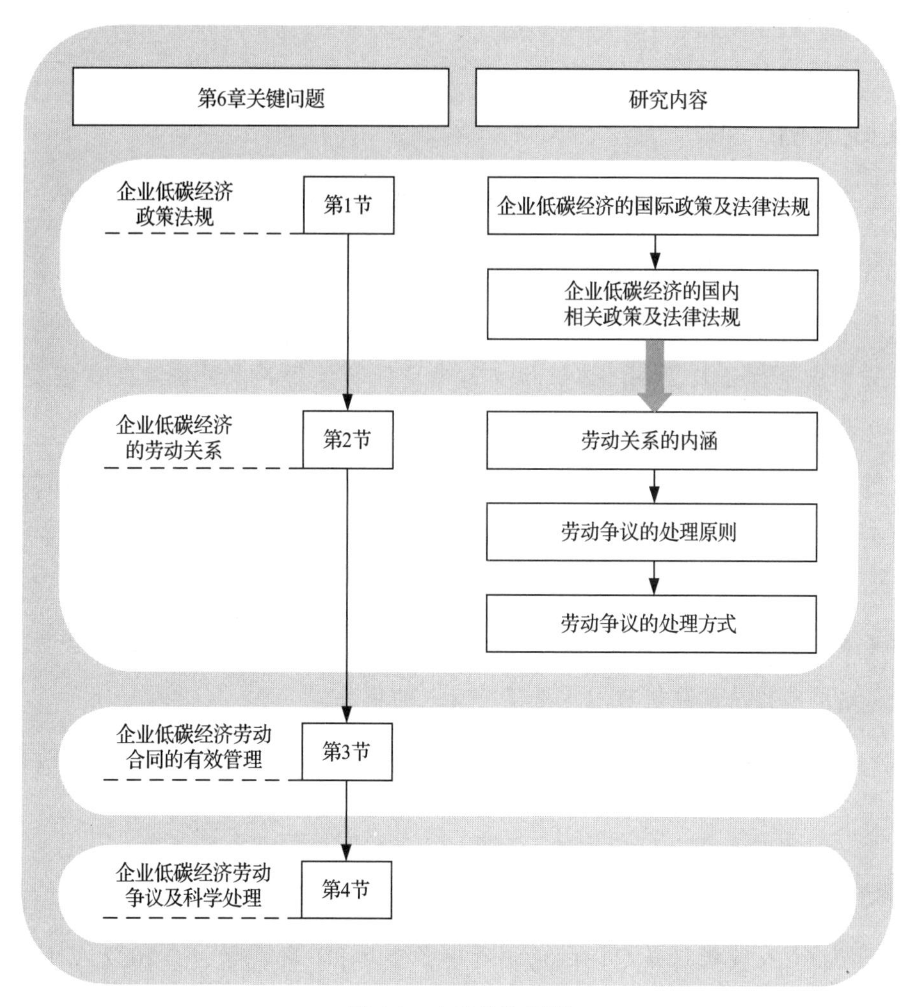

图 6-1 本章总体框架

关键术语

劳动关系

劳动争议

复习思考题

1. 企业在低碳人力资源管理转型与建设过程中，应遵循哪些政策及法规?

2. 企业低碳经济劳动关系处理原则有哪些?

3. 企业如何实现低碳经济劳动合同的有效管理？

4. 企业应如何科学处理低碳经济劳动争议及纠纷？

实践案例

某银行支行与 A 企业的碳排放配额执行案

基本案情：A 企业与某银行支行出现金融借款合同纠纷。两家企业在县人民法院主持下形成了和解协议，确定了 A 企业应承担还款的义务。但是，A 企业之后并没有按照协议履行还款义务。该银行支行申请强制执行。人民法院经调查发现，A 企业因技术改进以及节能减排，尚持有未使用的碳排放配额。

执行结果：县人民法院做出执行裁定，冻结 A 企业尚未使用的碳排放配额，并将其挂网交易。执行法院向省海峡股权交易中心送执行裁定书，要求扣留交易成交款。

参考意义：碳排放配额具有财产属性，持有人能够通过碳排放配额交易获得资金收益。这些碳排放配额能够用于清偿持有人的债务。

资料来源：司法积极稳妥推进碳达峰碳中和典型案例及专家点评意见，《人民法院报》，2023 年 2 月 20 日。

参考文献

1. 陈婉 . 个人碳账户兴起，绿色消费有了市场 [J]. 环境经济，2022，(17)：42-47.

2. 山东出台“两高”建设项目碳排放减量替代办法 [J]. 中国氯碱，2022，(5)：42.

3. 财政部印发《财政支持做好碳达峰碳中和工作的意见》[J]. 新理财，2022，(7)：8-9.

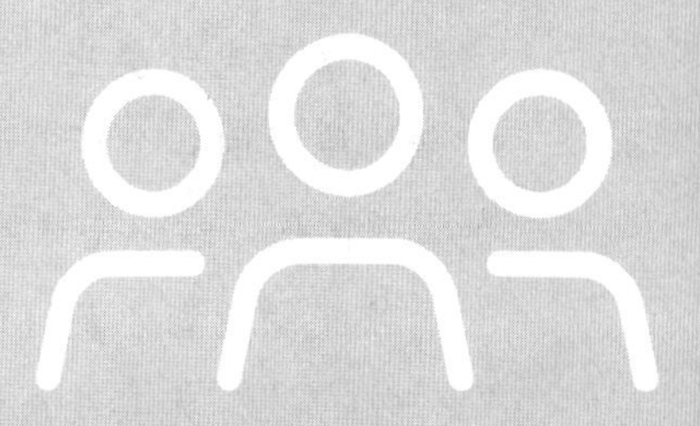

第7章 CHAPTER 7 企业低碳人力资源管理的发展趋势

引例

上海施耐德的绿色零碳工厂

近期，秉持着“推动碳中和进程，加速数字化转型”的核心理念，施耐德电气在进博会的能源低碳与环保技术展区大放异彩，生动展现了其在倡导及实践“零碳城市”理念中的一系列创新成就。在当前“双碳”战略目标的强劲牵引下，如何构建并巩固企业在低碳发展领域的核心竞争力，已成为决定其长远生存与持续繁荣的核心要素。与此同时，产业升级的紧迫需求也向企业提出了严峻挑战，要求它们在节能减排上取得实质性进展的同时，必须加速推进数字化转型。作为能源管理和自动化领域数字化转型的领航者，施耐德电气在本届展会上全方位展示了其在零碳与数字化领域的实践探索。除了完美呈现“零碳工厂”及“灯塔工厂”的成功案例，施耐德电气还与众多合作伙伴携手，共同开创了零碳园区、端到端绿色供应链等一系列新型业务模式。这些创新实践为企业提供了切实可行的解决方案，也为建设“零碳城市”和推动产业低碳转型提供了宝贵的经验和示范。施耐德电气的这些举措不仅体现了其在推动低碳经济转型中的领导地位，也展示了其在全球范围内推动可持续发展、实现碳中和目标方面的重要贡献。

施耐德电气提出“绿色能源管理”核心理念，旨在全面优化能源生产、传输、存储、使用的各个环节。施耐德电气将柏林舍内贝格区的旧煤气站转型为全球领先的零碳园区。这为全球能源转型提供了极具参考价值的成功案例。

依托绿色智能制造的前沿理念与革新性解决方案，施耐德电气成功建立了多座“零碳工厂”。尤其是施耐德电气无锡工厂，成为了行业的领航者，究其原因，是工厂通过深度应用 EcoStruxure 架构与平台、人工智能（AI）等尖端技术，达成了可持续发展的长远目标，从而在数字化转型的赛道上脱颖而出。这些工厂不仅在技术和管理上实现了创新，也为施耐德电气在绿色制造领域树立了标杆。该企业还积极推动端到端绿色供应链的建设，覆盖了产品设计、生产制造、废弃物处理等各个环节。通过赋能整个产业链，施耐德电气助力供应链上下游企业共同进行碳减排和可持续发展，实现产业链的绿色转型与价值重塑。这一全方位的绿色供应链管理模式，不仅提升了施耐德电气的环保表现，也促进了整个行业朝着低碳目标前进。

资料来源：施耐德电气为建设“零碳城市”提供范本 [J]. 今日制造与升级，2021（11）：27.

7.1 企业低碳转型

7.1.1 企业低碳转型的内涵

企业低碳转型是企业在生产运营过程中遵循低能耗、低污染、低排放的原则，采取一系列节能减排措施，实现从高碳发展模式向低碳、可持续商业模式转变的过程。企业低碳转型的内涵如图 7-1 所示。

依赖传统的高能耗、重污染的经济发展模式，从长远视角审视必然引发资源过度消耗和环境污染加剧的问题。若企业不进行低碳转型，则难以符合政府的环保要求，会面临罚款、停产整顿等行政处罚。其生产的产品可能难以获得市场的认可，进而导致销量下降、市场份额减少。因此，企业进行低碳转型刻不容缓。

特别是对于一些高碳排放企业，低碳转型应当成为其首要战略安排。这不仅是响应国家“双碳”政策的必要举措，也是企业实现可持续发展的必然选择。企业应通过提高节能减排技术、优化能源结构、加强低碳管理等手段，推动企业绿色低碳转型。此外，落实低碳人力资源管理同样至关重要，通过培养和引进具有低碳管理能力的人才，优化企业的人力资源配置，为企业的低碳转型提供智力支持和人才保障。通过上述措施，企业可以实现经济效益、生态效益和社会效益的协调发展，推动企业可持续发展的实现，同时提升企业在全球绿色竞争中的核心竞争力。

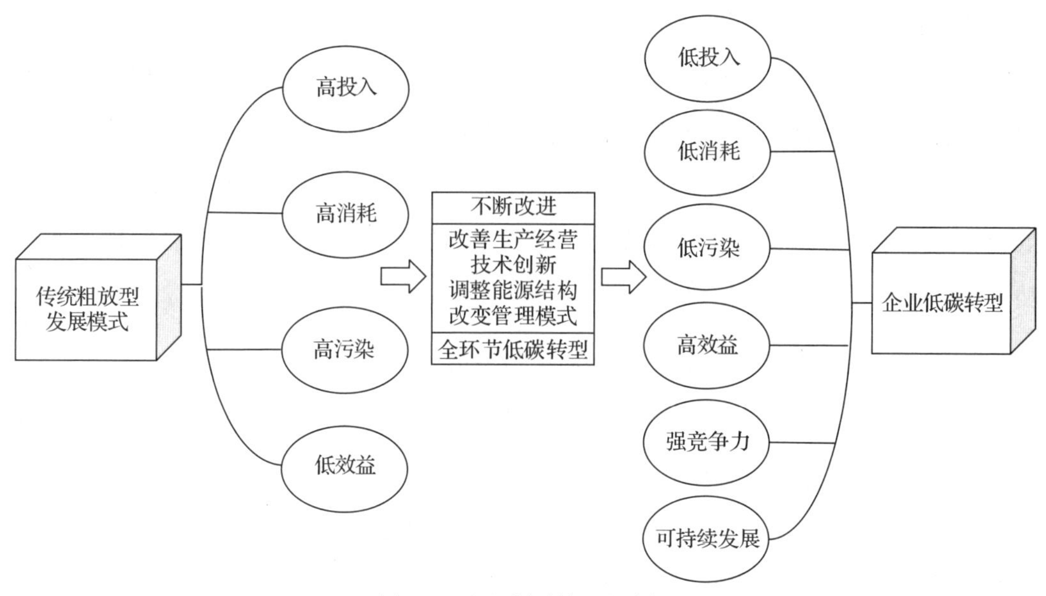

图 7-1　企业低碳转型的内涵

综上所述，企业通过创新减碳技术，优化生产经营模式，能够有效解决高投入、高消耗、高污染和低效益的困境。与此同时，在实现经济效益的同时，还能够降低碳排放，保护生态环境，从而实现长远的可持续发展目标。这种转型不仅有助于提升企业的运营效率和市场竞争力，还能够为社会和环境的可持续发展做出积极贡献。

7.1.2　企业低碳转型的意义

1. 提升市场竞争力，塑造低碳企业形象

2020 年，我国政府主动提出“双碳”战略目标，明确提出加快生产生活方式绿色低碳转型，充分彰显了我国加强绿色低碳转型、走绿色低碳高质量发展道路的决心与信心，为共同保护地球家园、推动全球绿色低碳高质量发展、构建人类命运共同体贡献了中国智慧和中国力量。自此，我国正式进入“低碳经济”发展时代。在“双碳”目标的推动下，鉴于消费者环保意识的日益增强，绿色环保产品的市场需求不断攀升，高碳排放的产品逐渐失去消费者的青睐，他们更倾向于选择那些低碳环保的产品，拒绝为高碳产品支付费用。消费者对绿色环保产品的偏好不仅给传统企业带来了转型的紧迫性，同时也开辟了更多通往绿色低碳发展的新机遇。

得益于国家政策的积极倡导与强力支持，我国企业在绿色低碳技术领域取得了显著成效。特别是在新能源汽车、氢能应用以及储能系统等前沿领域，众多技术和产品已经跃居全球领先地位。我国企业的绿色低碳技术不仅具备国际竞争力，还为

全球低碳转型提供了新的解决方案。加快企业低碳转型能够增强企业在低碳市场的竞争力，提升企业在低碳领域的市场话语权和标准制定权。通过低碳转型，企业能够提升品牌价值，塑造低碳形象，赢得消费者和市场的认可。这不仅是企业适应市场变革的必要步骤，也是企业提升长远竞争力、实现可持续发展的关键举措。因此，低碳转型对于企业来说，不仅是应对政策和市场压力的必然选择，也是实现商业成功和履行社会责任的双赢之路。

2. 推动产业链绿色化，助力企业高质量发展

低碳转型有助于推动产业链的绿色化进程。企业应紧紧抓住低碳转型的战略机遇，通过引入低碳技术和设备、优化生产流程、提升资源利用效率等措施，减少碳排放和废弃物产生，降低对环境的负面影响，助力低碳经济的高质量增长。同时，企业还可以与产业链伙伴共同开展环保活动，推动整个产业链的可持续发展。传统企业必须加快步伐，向低碳转型和技术革新迈进，通过减碳、去污和增绿等策略，强化自身在低碳经济环境下的竞争力。在“双碳”背景下，企业应增加对技术创新的投资，以驱动绿色转型和生产工艺的优化升级，引领产业向高端、智能化及低碳化的方向迈进，以便更好地拥抱绿色低碳市场。

3. 符合全球和国家政策趋势，助力“双碳”目标实现

碳达峰和碳中和已经成为全球应对气候变化的共识，为各国政策制定提供了明确方向。在这一背景下，推动全面绿色转型，尤其是实现“双碳”目标，成为应对气候挑战、推动绿色发展的重要战略选择。企业的低碳转型不仅是实现“双碳”目标的必要路径，也是企业在新发展阶段寻求增长机会、加速转型升级的关键步骤。企业进行低碳转型不仅能重塑自身竞争优势，还能为国家经济社会的全面低碳转型做出积极贡献。

7.1.3 企业低碳转型的主要难题

1. 缺乏低碳转型意识

许多企业未能及时适应经济和市场变化，仍停留在传统产业和高能耗、高碳排放的领域。企业往往依赖于引进先进技术、创新产业模式和总结管理经验来实现发展，缺乏足够的前瞻性和绿色低碳意识，尤其在新兴战略性产业，如大数据、新材料、新能源、人工智能、绿色生态等领域，缺少低碳发展和低碳创新的思维。这使

得企业在应对“双碳”目标时缺乏主动性和足够的转型动力。特别是许多中小企业，其能源结构转型滞后，碳排放水平较高，若没有积极的低碳发展理念，可能会错失低碳转型的机会，导致发展停滞甚至倒退。

2. 缺乏低碳转型技术型人才

推动低碳转型的进程需要吸纳众多掌握绿色技术、精通环境管理并秉持可持续发展理念的专业精英。但目前低碳领域人才培养滞后，低碳转型需要具备环境科学、能源技术、经济学、管理学等多学科知识的人才。这些领域的交叉培养尚有不足，导致企业很难找到具备综合能力的复合型专业人才。因此，当前低碳领域面临人才匮乏的困境，这成为众多企业在招募及培育相关人才时面临的一大障碍。

3. 缺乏低碳转型能力

企业低碳转型的核心在于技术突破。然而，许多企业只满足于引进国外低碳技术和管理经验，而忽视了技术的再创新和再优化。这种情况导致企业在技术竞争中落后，无法跟上低碳发展的步伐。例如，部分企业未能充分利用数字技术和智能化改造，面临数字转型的困境。

4. 缺乏低碳政策性保障

企业是低碳转型主要成本的承担者之一，缺乏足够的政策保障使得企业在转型过程中面临额外压力。首先，众多政策主要聚焦于大型企业，相比之下，中小微企业，特别是初创企业，所获得的政策支持较为有限，且因门槛设置过高，其实质性受益并不显著。其次，由于政策执行体系尚不完善，企业在推进低碳转型的过程中往往缺乏足够的信心。由于低碳转型前期投资大且回报周期长，若政府的支持政策不完善或缺乏连贯性，企业的转型动力和信心会受到很大影响。最后，政策执行中的“最后一公里”问题也十分突出，虽然有关低碳转型的法律法规已经出台，但在实际操作中，许多政策缺乏具体实施细则，往往只是方向性文件，缺乏可实践性。

7.1.4　促进企业低碳公正转型

随着全球环境问题和能源危机日益凸显，党中央越发重视绿色发展与低碳转型问题。我国“十四五”规划强调要“构建生态文明体系，推动经济社会发展全面绿色转型，建设美丽中国”。绿色低碳转型已成为全球共识，逐渐被纳入企业的发展目标与运营实践之中。因此，如何推动企业进行低碳公正转型成为目前亟待解决的关键问题。

然而，在经济从高碳向低碳转型的过程中，不同地区、产业、社区、工人都可能遭受损失。例如，在一些高度依赖传统能源产业的区域以及一些高碳行业转型困难的企业，强制低碳转型可能会造成集中就业岗位的流失，由此引发世界各国对“公正转型”的关注，即要通过倡导气候治理和绿色低碳转型过程中的公正性和公平性，最大化社会和经济效益，同时通过与潜在受影响群体沟通、保护劳工权益免受损害等方式来减少风险。根据国际劳工组织（ILO）的描述，公正转型重点关注那些为了实现零碳排放而被削减的高碳工作岗位，强调要对受影响的个体和社区进行实质性补偿。《巴黎协定》也强调，在促进气候目标实现的同时，也要促进劳动力的公正转型，为劳动者提供高质量的就业岗位。

公正转型具体包括分配正义、程序正义、代际正义。其中，分配正义是指社会群体共同公平公正地分担转型带来的成本与收益。例如，为低碳转型导致的失业人群提供更多的保障，如提供培训和再就业机会等；程序正义是指确保受到转型影响的各利益相关方都能参与制定转型路径；代际正义是指在转型过程中，当代人对上代人和后代人均负有义务，避免让他们背负不必要的转型成本。目前我国在低碳公正转型中遇到的问题主要包括以下四个方面。

1．传统高碳企业出现融资困难问题

目前，高碳行业面临的新增投资限制，使得这些行业的低碳转型活动在投融资方面相对困难。传统高碳企业通常依赖重资产运营，要实现转型升级，必然需要投入大量资金以购买新设备、引进新技术和实现新模式的创新。这使得企业在低碳转型过程中，必须面对高融资成本和高调整成本的双重压力。首先，高融资成本意味着企业需要具备充足的、可动用的内部资金，才能满足较高的外部融资要求。与此同时，较高的调整成本要求企业确保持续的资金投入，以防止低碳转型过程中的任何中断。此外，低碳转型不仅仅是短期的资金投入问题，还需要长期的资源支持，从项目立项到转型成功都需要经过较长的周期。因此，企业在融资时面临的困难主要体现在前期资金投入大、资产负债率高、回报周期长以及技术风险不易预估等问题。这些因素使得许多传统高碳企业难以获得金融机构的支持，进一步阻碍了其低碳转型的进程。

2．开展低碳转型的企业缺乏对公正转型的认知

目前，已经开展绿色低碳转型的企业对公正转型的认识和重视程度不够，缺乏公正转型实践的缓解措施。由于企业资金有限，低碳转型投入的增加会使得企业用

于支付员工的资金占比相对减少。缺乏低碳公正转型意识的企业可能会通过短时间内降低员工福利、减少员工技能培训等方式在最短的时间内降低成本。此外，由于缺乏对公正转型的认知，企业可能存在转型路径不清晰、专业能力不足等问题。

3. 低碳转型过程中引发失业问题

在我国，高度依赖传统能源产业的区域和一些高碳行业企业，低碳转型可能会导致大量岗位流失，造成大规模失业问题。一方面，我国的能源结构尚未完成优化。例如，2022 年，我国煤炭消费量占能源消费总量的 56.2%，煤炭及相关行业的从业人员较多。因此，低碳转型对我国煤炭行业的就业影响尤为显著。低碳转型会减少煤炭产业链中生产、储运、销售的就业机会。此外，煤炭相关行业，包括机械制造业等为煤炭服务的行业也会受到影响。在 2013 年到 2021 年之间，煤炭行业从业人员从 611 万人下降至 340 万人。因此，低碳公正转型过程中面临的最大挑战是解决传统高碳行业人员的就业问题。另一方面，太阳能、风能等可再生能源产业的快速发展带来了新的就业机会。根据 2022 年版《可再生能源与就业》报告统计，2021 年中国可再生能源就业人数约占全球该领域就业总数的 42%，是全球可再生能源行业就业人数最多的国家之一。虽然这些新兴的绿色低碳产业会产生新的就业机会，但不同岗位对工作技能的要求是不同的，且低碳行业往往有更高的要求。因此，新机会基本上都是面向高技能人群的，弱势劳工存在技能瓶颈。

4. 低碳转型存在地域差异

我国不同地区的低碳公正转型程度存在较大差异，各行业尚未全面开展低碳公正转型，气候治理和绿色低碳转型将会加剧地区之间的这种不平衡发展。特别是依赖化石能源开采和碳密集行业的地区，将面临经济增长减缓、企业生产经营困难等问题，从而影响劳动力市场和民众就业，这种影响在弱势劳工群体中会更为显著。

针对以上问题，企业在公正转型中不仅要实现脱碳，而且应确保就业稳定和社会公平。政府和企业可以通过以下措施，来解决企业在低碳转型过程中面临的威胁和挑战。

第一，构建低碳公正转型的金融制度体系，这对于引导金融资本支持绿色低碳转型至关重要。转型金融，特别是针对“棕色”产业和碳密集型行业的低碳转型支持，能够帮助这些行业有效过渡到低碳经济模式。国家应当尽快出台针对转型金融的顶层设计文件，明确低碳转型的相关标准，确保金融支持的公平性与可持续性。

这些政策应包括对转型金融的定义和实施框架，以便引导和鼓励金融机构为低碳转型企业提供资金支持。与此同时，金融机构在为这些企业提供融资时，要根据公正转型的原则，设置合理的审批和评估标准，确保转型过程中的公平性和包容性。尤其是对于传统高碳产业和转型中的企业，金融机构应提供量身定制的金融产品和服务。此外，政府应当加大对绿色金融产品和服务的开发与推广，包括绿色信贷、碳中和债券等金融工具，以及股票、基金、保险等金融产品，这些都是促进绿色转型的有效手段。政府可以通过财政贴息、财政担保、政府性投资基金、央行定向再融资等方式，来增强金融机构对绿色低碳活动的资金支持力度。同时，政策性银行和开发性银行的作用也应得到充分发挥，通过这些渠道为绿色低碳项目提供长期、稳定的资金支持。通过上述措施，能够有效推动企业低碳转型，为实现“双碳”目标提供强有力的金融保障。

第二，将公正转型纳入 ESG（环境、社会和治理）政策体系，这对于推动企业践行低碳公正转型至关重要。为此，可以通过制定企业公正转型相关的信息披露指南，将其纳入现有的 ESG 政策框架。这一举措不仅能规范企业在低碳转型过程中应履行的社会责任和绿色发展目标，还能促进企业在转型过程中采取更为透明和合规的行动，同时推动信息披露的标准化。通过这一过程，企业能够向外界清晰展示其转型进度、碳减排成效和社会责任履行情况。此外，企业应积极与专业机构合作，借助其在低碳转型和公正转型领域的专业经验和技术支持，确保转型计划的有效性和执行力。这些专业机构可以直接参与或间接指导企业制定并实施转型战略，提供数据分析、技术方案和政策建议等服务。通过专业机构的协作，企业能够更加精准地把握公正转型的核心要求，并在实践中取得更为显著的进展。与此同时，金融机构和投资者也能从企业的 ESG 信息披露中获得全面而准确的数据，进而为企业提供更加有针对性的融资支持和投资决策。这种透明和互动的机制，不仅有利于企业自身实现可持续的低碳转型，也可以为整个市场提供推动绿色低碳发展的动力，确保低碳公正转型能够在更广泛的范围内得以落实。

第三，根据企业情况，提供差异化的政策协助。在我国，国有企业员工可以选择转岗并有较高的社保金。若完全关闭重工业企业，国有企业员工受到的影响将会比私有企业小，因此需要针对不同劳工群体，提供差异化的政策协助。具体而言，这些政策协助包括加大财政转移支付力度，进一步完善和发展失业保险、养老保险和医疗保险，妥善解决受冲击人群的再就业问题；对于因低碳转型而失业的工人及其家庭，政府可以通过提供失业救济、临时补贴和再就业支持等方式进行经济补偿；为了实现劳动力市场的平稳过渡，政府应制定积极的就业政策，促进劳动力的有效流动；加大对绿色产业的投资，尤其是在新能源、环保、节能减排、智能制造等领域，创造更多符合低碳发展方向的就业岗位。

第四，政府应有针对性地为特定地区提供政策和资金支持，缓解地区低碳转型发展不平衡的问题。针对不同地区的具体情况，特别是受低碳转型影响较大的传统高碳产业区，政府可以出台一系列复兴政策，帮助这些地区实现产业结构的优化和升级。具体而言，政府应鼓励并扶持新能源、环保和可再生能源等绿色产业入驻，推动地方经济向低碳化、智能化方向转型。同时，推动传统产业技术创新和绿色生产方式的改进，提升企业的绿色竞争力和发展潜力。对于依赖化石能源的主产区，政府应当制定针对性的低碳转型规划，并提供相应的政策支持。政府可以为这些地区提供额外的财政资金、税收优惠和绿色项目融资等帮助，推动其经济结构的绿色转型，逐步减少其对传统能源的依赖，促进可持续发展。为促进地区经济多元化，政府可以通过设立产业园区、提供税收优惠和创新支持政策等方式，吸引绿色产业、新兴技术和数字化企业的发展，尤其是在新能源、智能制造和数字经济等领域。通过这些举措，政府不仅能够推动当地经济结构的绿色化，还能创造更多的就业机会，帮助劳动者适应新的低碳经济模式。

7.2 企业低碳人力资源管理的机遇与挑战

7.2.1 企业低碳人力资源管理面临的机遇

1. 树立良好低碳形象，聚焦企业长远发展

目前，环境问题已经对社会经济生活的发展造成极大不利影响，也给人民群众的生活和健康安全造成巨大威胁。积极探索低碳人力资源管理迫在眉睫，企业必须勇敢地、责无旁贷地承担起低碳责任。企业主动承担低碳责任可以为自身创造更为广阔的生存空间，不仅不会增加企业的负担，还有利于改善企业赖以生存和经营的环境，树立企业的良好形象，使企业、政府、社会之间形成良性互动，为企业的低碳、绿色、可持续发展赢得良好的外部环境，有利于企业的长远发展（王玉伟，2014）。

2. 创建低碳文明品牌，把握市场主动权

低碳和绿色品牌形象可以吸引关注环保的消费者，企业将自身品牌打造成低碳

文明的形象，能够提升品牌知名度，拓展市场份额。传统人力资源管理模式已不能满足企业发展的要求，人力资源管理结构整体优化势在必行，谁能在低碳转型的大潮中取得先机，谁就把握了市场的主动权。

3. 响应国家政策要求，赢得经济环境效益双丰收

“碳达峰、碳中和”是一块大蛋糕，仅在中国就有超过100万亿元的市场，是一个非常巨大的发展机遇。近年来，国家围绕资源节约理念来开展绿色低碳活动，在由需求引领的经济社会中形成低碳转型发展的强大拉动力。无论国有企业、民营企业还是外资企业，无论生产端还是消费端，只要企业启动低碳人力资源管理，国家都会制定统一的产业政策给予鼓励和支持。因此，企业要积极响应国家政策要求，努力赢得经济效益和环境效益的双丰收。

7.2.2 企业低碳人力资源管理面临的挑战

1. 企业人力资源管理机制不完善

企业在推进低碳转型的过程中，面临着对人力资源在思想观念、行为模式、素质标准及能力层次上的全新要求与挑战。为了充分激发人力资源在低碳转型中的活力、动力与创新力，企业必须建立与之相匹配的人力资源管理体系，作为转型成功的坚实后盾。然而，传统的人力资源管理实践，诸如招聘流程、培训体系、激励机制等，已经难以有效点燃员工投身于低碳运营的热情。鉴于此，企业要紧密围绕低碳发展战略，对人才甄选、任用、培育及保留等环节的管理机制进行创新升级，以确保人力资源成为驱动企业低碳转型的强大支撑。

2. 企业低碳型人才供需不平衡

低碳技术和低碳经济的发展迫切需要大量高科技人才，特别是在节能减排、新能源等关键领域。然而由于我国对低碳领域人才的培养起步较晚，导致这类专业人才的数量严重不足，远远跟不上市场的需求。与此同时，低碳行业的企业面临着人才短缺的困境，尤其是“低碳人才”数量稀缺，使得许多企业在招聘过程中遭遇困难，形成了人力资源供需严重失衡的局面。

3. 企业对低碳型人才的培养不够

在低碳经济的推动下，企业不仅需要设立更多的低碳岗位，还必须为这些岗位

配备具备较高素质的员工。为了确保企业能够适应低碳发展，必须加大对低碳人力资本的投入，才能促进企业低碳转型的顺利进行。

7.3　企业低碳人力资源管理模式的创新

7.3.1　低碳经济时代企业低碳人力资源管理新发展

低碳经济时代，人们越来越意识到健康生态环境对人类生存和发展的重要性，全社会开始从单纯追求经济增长的数字指标，转向更加关注民众生活福祉和生态环境治理的可持续发展。低碳转型是实现数智时代经济可持续、高质量发展的关键所在。办公室的供暖、制冷及照明系统所产生的二氧化碳排放量占据了总排放量的 40%，并且这些系统还消耗了总电量的 70%。此外，通勤员工每年排放的二氧化碳高达 13 亿吨。因此，低碳转型与数字化变革密切相关，企业需要在数字化转型过程中实现绿色发展，以适应新形势下的可持续发展需求。

绿色经济的发展为全球各国创造了大量新的就业机会。以韩国为例，该国政府认为，新能源产业的扩张将带来比传统制造业多 2 ～ 3 倍的工作岗位。在我国，根据中国社会科学院城市发展与环境研究所的估算，绿色投资将为我国经济带来 520 万～ 530 万个就业岗位。因此，绿色经济不仅有助于推动经济可持续发展，也为各国提供了大量就业机会，尤其是在新能源、环保和技术改造领域。

低碳发展不仅是实现“双碳”目标的重要手段，也是促进我国经济实现可持续发展的核心路径。同时，这也是全球走出经济困境、推动经济复苏的关键所在。在这一背景下，推动绿色低碳转型为企业和社会创造了新的增长点，同时也有助于改善生态环境，确保经济发展与环境保护的双赢。

7.3.2　防范运动式“减碳”

运动式“减碳”是缺乏在减碳方面的整体统筹规划且会对经济、能源等方面产生消极影响的减排行动。2021 年 8 月，国家发展和改革委新闻发言人孟玮在例行新闻发布会中阐述了运动式“减碳”的三种表现形式：一是地方减排目标设定过高并脱离实际，部分地区出现了以“一刀切”形式关停高耗能、高排放的项目，并在金融层面对相关企业采取断贷、抽贷的行为；二是遏制“两高”行动力度较弱，有不少地市的减排落实力度明显弱于减排宣传力度，甚至能耗强度不降反升；三是节能减排基础不牢，在不明确自身能耗结构的情况下盲目跟随碳中和理念，抱以寻求单一技术解决永久问题的心理去追求减排热点。企业运动式“减碳”有两种表现形式：一种是虚喊口号，而不采取实际行动的减碳行为；二是不考虑自身发展水平，采取诸如片面强调“零碳计划”或将所有高能耗项目都关停等不切实际的减碳行动（张莹、贾明，2021）。这些都会对企业的发展带来潜在危害。

本章小结

本章的总体框架如图 7-2 所示。

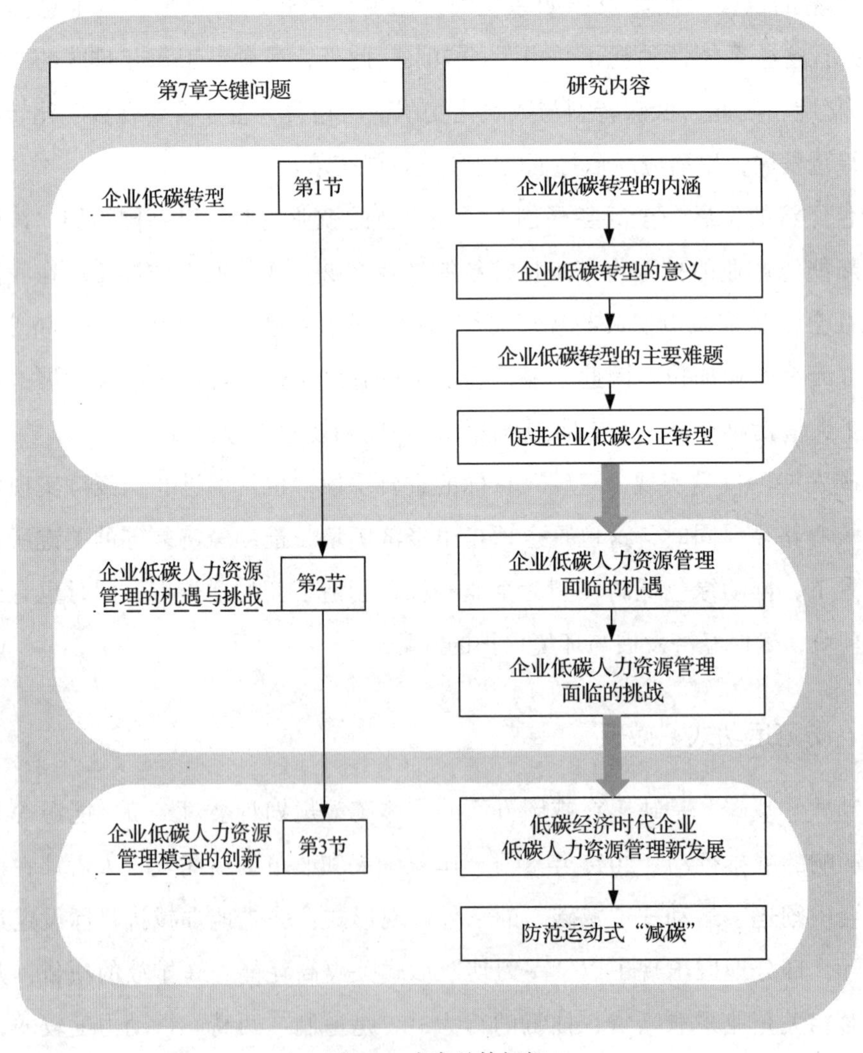

图 7-2 本章总体框架

1. 企业低碳转型是指企业在运营过程中遵循低能耗、低污染、低排放的基本原则，采取一系列减少碳排放、提升能源效率、推动绿色创新和可持续发展的措施，逐步实现从传统高碳发展模式向低碳、绿色、可持续的商业模式转变的过程。
2. 杜绝企业运动式“减碳”，杜绝虚喊口号、蹭热度，而不采取实际行动的减碳行为，杜绝企业不考虑自身发展水平和能力而采取不切实际的减碳行动。要分析宏微观环境，找到适合本企业发展的低碳人力资源管理路径。
3. 企业积极响应国家政策要求，探索低碳人力资源管理，有利于创建低碳文明品牌、树立良好低碳形象、实现经济环境平衡发展。
4. 中国“双碳”人才还存在着巨大的缺口，政府、企业、高校等各方应携起手来积极探索和完善低碳管理人才的培育。

关键术语

企业低碳转型

企业低碳人力资源管理的机遇

企业低碳人力资源管理的挑战

企业低碳人力资源管理的未来发展趋势

复习思考题

1. 企业低碳转型的内涵是什么？
2. 企业低碳人力资源管理面临怎样的机遇与挑战？
3. 低碳经济时代对企业低碳人力资源管理提出了哪些新的要求？

实践案例

海尔智碳运营平台项目

2021年《海尔集团环境报告书》（以下简称《报告》）如期发布，这也是海尔连续17年发布该报告。2021年被称为中国碳中和元年。这一年，在卡奥斯智慧能源平台的助力下，海尔单位产值能耗下降4.62%，单位产值水耗下降3.86%，单位废水排放量减少4.08%，二氧化碳减排增加5.2%，危险废物产出减少116t。依托卡奥斯智慧能源平台，海尔不仅实现了自身的降碳，还实现了将全生命周期的减碳理念和技术在不同场景落地，实现对外向各类企业、园区进行节能减排、绿色升级的赋能服务，助力国家碳达峰碳中和目标落地。

1.“全生命周期”减碳，覆盖企业活动全流程

《报告》显示，海尔在推进“全生命周期”减碳的过程中，积极将上下游产业链的各方纳入减碳体系，实现从原材料制造商到物流企业、从消费者到回收拆解工厂的全链条减碳。同时，海尔建立了能源大数据分析系统，通过优化资源调度等方式减少能源消耗；在包装和运输的流通环节，海尔通过执行本地化采购、生产、销售的策略，确保环保理念的贯彻，优化并减少产品包装材料，减少产品运输过程中的废弃物产生量及碳排放量；在产品回收环节，海尔前瞻性地布局了循环经济产业，实现了废旧产品的高效回收与利用。

2. 锚定园区载体，绿色低碳模式推动经济绿色发展

经历了40多年的建设发展，工业园区已是中国目前最重要的工业生产空间，也是工业化、城市化发展的重要载体。伴随着近年来“企业入园”的趋势，中国工业园区的集中度正在快速上升，二氧化碳排放占比达到全国总量的近三成。

海尔作为一直站在改革前沿的企业，敏锐地认识到，要做到系统、科学地对全国企业碳排放和绿色科技发展进行管控和引导，就必须充分发挥园区绿色建设的示范作用和集成效应。

绿色革命首先从海尔自身开始。海尔中德智慧园区于2020年向碳中和智慧园区转型，成为全球首个实现能源流、数据流、碳追溯流的三流合一的碳中和“灯塔基地”。以中德智慧园区为模板，卡奥斯智慧能源平台已布局全国18个工业园区，并在55个互联工厂实现全面覆盖。基于“双碳”园区一体化解决方案，卡奥斯智慧能源与中电电力打造了天津市津南区八里台镇的5G+智慧安全“双碳”园区，对园区进行“源–网–荷–储”全方位能源管理，创新输出以“1+5+16+N”为标准的全场景服务体系。

3. 500+场景和1000+解决方案，颠覆行业创新商业模式

卡奥斯智慧能源平台以实际行动践行绿色低碳发展理念，将能源替代与碳资产管理运营相融合，重塑能源服务场景。目前，卡奥斯智慧能源平台已经形成了560多个场景，以及1 000余套定制化能源解决方案，场景和方案共同构成了一个以发展

和绿色减碳为主题的生态圈，为“跨行业、跨领域”的各类企业解决了能源管理难题，目前已吸引 200 多家企业选择在卡奥斯智慧能源平台“上平台、用平台”。

在传统的模式中，企业对空气压缩机的需求，从购买设备开始，到场地搭建，再到人员培养、设备维护，直到系统运维，是用户在获得服务之前需要面临的一道道“障碍”。海尔卡奥斯智慧能源空气压缩机托管方案，以用户需求为中心，颠覆传统的行业模式，满足了用户从动力源头，到用能匹配，再到用能末端的不同需求，实现从单一设备、孤立节点到机机互联、人机交互的智能化系统建设，最重要的是，用户前期只需“0 投资”，就可获得用能需求，实现用能自由。

针对美心集团用能特点以及用能需求，通过全生命周期的优质服务，卡奥斯智慧能源空气压缩机托管方案每年大约为美心集团节约 120 万千瓦时电，节省能源费用 90 万元左右，能效提升 30%。

低碳经济时代已经来临，绿色转型既是变革所需，也是发展所向。卡奥斯智慧能源平台持续发挥其在节能降碳领域的技术、平台优势和行业引领示范效应，积极高效落实国家战略，赋能企业持续提升能效水平、实现绿色高质量发展，助力国家碳达峰、碳中和战略目标落地。

资料来源：根据网络公开资料整理。

参考文献

1. 唐贵瑶，袁硕，陈琳．可持续性人力资源管理研究述评与展望 [J]. 外国经济与管理，2017，39（2）：102-113.
2. 王文，刘锦涛，赵越．碳中和与中国未来 [M]. 北京：北京师范大学出版社，2022.
3. 杨子捷．基于低碳经济下绿色人力资源管理的思考 [J]. 中外企业家，2018，（34）：113.
4. 张莹，贾明．纠正企业运动式“减碳”需从三方面着手 [N]. 每日经济新闻，2021-08-11（007）.
5. 周文斌，张任之．绿色发展理念下的企业员工绿色管理研究 [J]. 理论学刊，2019（6）：59-67.